찬송맘의
외국어 홈스쿨링

영어 못하는 엄마의 외국어 교육 리얼 스토리
찬송맘의 외국어 홈스쿨링

펴낸날 초판 1쇄 2013년 1월 5일 | 초판 2쇄 2016년 1월 25일

지은이 정현미

펴낸이 임호준
이사 홍헌표
편집장 김소중
편집 4팀 박혜란 김보람
디자인 왕윤경 김효숙 | **마케팅** 강진수 임한호 김혜민
경영지원 나은혜 박석호 | **e-비즈** 표형원 이용직 김준홍 류현정 차상은

사진 조은선 | **일러스트** 영수
인쇄 (주)웰컴피앤피

펴낸곳 비타북스 | **발행처** (주)헬스조선 | **출판등록** 제2-4324호 2006년 1월 12일
주소 서울특별시 중구 세종대로 21길 30 | **전화** (02) 724-7635 | **팩스** (02) 722-9339
홈페이지 www.vita-books.co.kr | **블로그** blog.naver.com/vita_books | **페이스북** www.facebook.com/vitabooks

이 책은 저작권법에 따라 보호를 받는 저작물이므로 무단 전재와 무단 복제를 금지하며,
이 책 내용의 전부 또는 일부를 이용하려면 반드시 저작권자와 (주)헬스조선의 서면 동의를 받아야 합니다.
책값은 뒤표지에 있습니다. 잘못된 책은 바꾸어 드립니다.

ISBN 978-89-93357-95-0 13700

- 이 도서의 국립중앙도서관 출판예정도서목록(CIP)은 서지정보유통지원시스템 홈페이지(http://seoji.nl.go.kr)와
국가자료공동목록시스템(http://www.nl.go.kr/kolisnet)에서 이용하실 수 있습니다.(CIP제어번호: CIP)

- 비타북스는 독자 여러분의 책에 대한 아이디어와 원고 투고를 기다리고 있습니다.
책 출간을 원하시는 분은 이메일 vbook@chosun.com으로 간단한 개요와 취지, 연락처 등을 보내주세요.

비타북스는 건강한 몸과 아름다운 삶을 생각하는 (주)헬스조선의 출판 브랜드입니다.

영어 못하는 엄마의
외국어 교육 리얼 스토리

찬송맘의
외국어
홈스쿨링

찬송맘 **정현미** 지음

바타북스

 Prologue

아이에게 외국어 씨앗 심어주기, 영어 못하는 엄마가 더 유리하다!

"찬송이는 누굴 닮아서 그렇게 외국어를 잘하나요?"

유창하게 외국어를 구사하는 찬송이의 모습을 본 사람들이 이런 질문을 할 때가 있다. 그럴 때마다 나는 멋쩍게 웃으며 대답을 얼버무리곤 한다. 큰 키와 외모는 아빠에게서, 긍정적인 성격은 엄마인 나에게서 쏙 빼다 박은 찬송이지만 외국어에 대한 재능만큼은 누구에게도 물려받지 않았기 때문이다. 다시 말해, 우리 부부 중 누구도 외국어에 뛰어난 사람은 없다는 얘기다.

그런데 찬송이만 보고 '엄마나 아빠 중에 외국어를 잘하는 사람이 있겠지' 라고 여기는 분들이 많은 것 같다. 마치 부모가 외국어를 잘하면 아이가 외국어 잘하는 유전자를 물려받기라도 하는 것처럼! 하지만 만약 남편이나 내가 외국어를 잘했다면 지금의 찬송이는 없었을 것이다. 아이에게 이렇게 해라, 저렇게 해라 구체적으로 짚어준다든지 틀린 부분을 끊임없이 지적했다면 아이가 자신감을 잃고 외국어에 대한 관심을 거둬들였을 테니까. 실제로 주변에서 영어를 전공했음에도 불구하고 아이의 영어 교육에 어려움을 겪는 분들을 많이 본다. 이것만 보더라도 부모가 외국어를 잘한다고 해서 아이도 반드시 잘하리라는 생각은 착각에 불과하다는 것을 알 수 있다.

사실 찬송이에게 다개국어의 씨앗을 심어줄 수 있었던 데에는 영어 조기교육에 실패했던 내 경험이 큰 역할을 하였다. 조기교육이라는 말 자체도 없었던 1970년대, 나는 선행학습의 일환으로 영어를 공부했었다. 그러나 그것이 화근이 되어 영어 수업 시간에 집중하지 못했고, 급기야는 영어를 포기하기에 이르렀다. 그렇게 포기한 영어는 내 인생의 중요한 순간마다 큰 걸림돌이 되었다.

그런데 아이를 가르칠 때는 달랐다. 영어를 못했기 때문에 찬송이에게 더 많은 가능성을 열어줄 수 있었다. 찬송이가 모르는 부분은 나도 잘 몰랐기 때문에 함께 공부하는 마음으로 다가갈 수 있었고, 찬송이가 뭔가를 해냈을 때 잘못된 것을 발견해내기보다는 잘하는 점을 먼저 볼 수 있었다. 결과적으로는 내 영어 실력이 좋지 않았던 게 찬송이의 외국어 공부에는 도움이 된 셈이다.

방송에서는 내가 '완벽한 엄마' 내지는 '알파맘'인 것처럼 그려졌지만, 난 알려진 것처럼 아이를 체계적인 계획하에 교육시켜 온 알파맘이 아니다. 그런 성격도 못 되지만, 만약 그렇게 했더라면 제아무리 외국어를 좋아하는 찬송이라도 버티지 못하고 진작에 나가 떨어졌을 것이다. 그렇다고 해서 내가 아이를 뛰어놀게 내버려두는 베타맘이었느냐 하면, 그것도 아니었다. 교육 전문가나 외국어에 뛰어난 사람 역시 아니었다. 하지만 이것만은 알고 있었다. 아이가 어떤 분야에 관심이 있는지, 어떤 분야에 특출한지를 유심히 관찰하고 아이가 진정으로 하고 싶어하는 것을 하게 해주는 것이 좋은 교육이라는 것을 말이다. 그 산 증거가 바로 찬송이다. 외국어에의 재능을 일찌감치 알아보고 계발해주기 위해 최선의 노력을 다했기 때문에 지금의 찬송이가 있지 않았나 생각한다. 물론 그 과정에서 찬송이의 의견을 적극 반영해주었던 것도 긍정적인 영향을 미쳤을 거라 생각하고 있다.

며칠 전, 신문에서 '타이거맘은 가고, 스칸디맘이 온다'라는 기사를 보게 되었다. 스칸디맘이란 자녀와의 정서적 교감, 합리적 교육을 중시하는 스칸디나비아 스타일의 30대 엄마들을 뜻하는데, 현재 영국의 젊은 엄마들 사이에서 스칸디맘 열풍이 불고 있고 내년쯤이면 우리나라의 젊은 부모들 사이에서도 크게 인기를 끌 것이라고 한다. 기사를 읽고 나니 스칸디맘의 모습과 내 모습이 참 많이 닮아있음을 느낄 수 있었다. 아이가 하고자 하는 것을 존중하고 아이와의 정서적 교감을 중시하는 모습에서 지난날 내 모습을 발견할 수 있었던 것이다.

사실 불과 몇 년 전까지만 해도 우리나라 엄마들은 타이거맘(호랑이처럼 무섭고 냉엄한 엄마)에 가까웠다. 아이에게 뭐든 가르치려 하고 주입하려 드는 모습이었던 것이다. 그래서 예전에는 나의 교육방법에 대해 '아이를 버릇없이 키운다'라든지 '너무 아이가 하고 싶은 것만 하게 내버려둔다'는 식의 의견들이 많았다. 하지만 점차 많은 엄마들이 아이와 대등한 입장에 서서 아이의 의견을 존중하는 스칸디맘을 닮아갈 것이라고 하니 한층 마음이 놓이는 것 같다. 내가 진정으로 원하는 교육법도 바로 그런 것이니까 말이다. 엄마가 원하는 것을 주입시키려 들기보다는 아이가 진짜 하고 싶어하는 것을 봐주고 아이의 진짜 재능을 이끌어내주는 것, 티칭보다는 코칭을 해주는 것. 그것이야말로 진정한 엄마의 역할이라고 생각하기 때문이다.

찬송이가 7개 국어를 할 줄 아는 아이이기 때문에 나 역시 특별한 엄마일 거라고 생각하지만, 사실 나는 옆집에서 흔히 볼 수 있는 지극히 평범한 엄마들 중 하나일 뿐이다. 현재 주어진 상황에 최선을 다하며 어떻게 하면 아이가 행복하게 미래를 준비할 수 있을까를 고민하는 여느 엄마들과 다르지 않다. 그렇기에 이 책에서 소개하는 모든 방법은 어느 엄마들이나 쉽게 따라 할 수 있는 방법일 거라고 확신한다. 그동안 찬송이와 함께 해왔던 방법들을 참고로 하여 조금만 방향을 잡아준다면 어학연수나 조기유학 없이도 얼마든지 외국어 잘하는 아이로 키울 수 있다는 희망의 메시지를 전해주고 싶다.

다만, 엄마들이 외국어 교육의 정답을 찾기 위해 이 책을 보지는 않길 바란다. 그 어떤 교육법에도 정답은 없다. 또한 찬송이와 내가 해왔던 방법들이 외국어를 잘할 수 있는 유일한 방법이라고 생각하지도 않는다. 이 책을 쓴 이유는 우리의 방법을 일방적으로 따라 하라는 이야기가 아니다. 우리의 방법을 참고삼아 각자의 아이들에게 맞게끔 적용해나가라는 얘기를 하고 싶었다. 아이를 가장 잘 아는 것은 엄마이기에, 공부 방법을 아이에게 맞게끔 조율해주는 것도 엄마의 몫일 것이다. 이 책을 보는 엄마들이라면 얼마든지 현명하게 적용할 수 있을 것이라 생각한다.

세상에서 가장 든든한 후원자이자 존경해 마지않는 부모님과 어려울 때마다 힘이 되어준 오빠 가족, 찬송이 교육에 많은 도움을 준 미국의 남동생 가족, 많은 위안이 되어준 여동생에게 감사와 사랑의 마음을 전하고 싶다. 세상 가장 소중한 나의 보물 찬송이와, 찬송이를 세상에 존재하게 해준 남편에게도 고맙다는 이야기를 해주고 싶다. 책을 쓴다는 일이 만만치 않은 것임을 알았기에 자신 없어 했지만, 이런 나에게 용기를 북돋워 주고 기회를 준 비타북스 편집부에게도 감사의 인사를 전하고 싶다. 또, 힘들 때마다 나를 세우고 일깨워주신 하나님께 이 모든 영광을 바치고자 한다.

끝으로 세상의 모든 영어 못하는 엄마들이 이 책을 통해 자신감을 갖고 아이에게 외국어 교육의 물꼬를 터줄 수 있게 된다면 내게는 더없는 영광이겠다.

2013년 1월
찬송맘 정현미

서찬송 프로필

1999년	출생
	한글 그림책 읽어 주기 시작
2000년	클래식, 동요, 가곡 등으로 듣기 환경 조성
	영어 비디오 시청 시작
	영어로 의사 표현 시작(No, Bye-bye 등)
	영어 동화책 읽어 주기 시작
	알파벳, 숫자, 한글 인지
2001년	영어 비디오 〈Dumbo〉를 보며 슬픈 장면에서 눈물을 흘림
	약 2천 개 영단어 인지 및 구사 가능하게 됨
2002년	영어전문서점에서 외국인과 첫 대화 성공
	일본어 시작
	영어 유치원 입학(4개월 다님)
2004년	중국어 시작
	호주로 영어 체험여행 다녀옴
2005년	유럽으로 외국어 체험여행 다녀옴
2006년	프랑스어 시작
2007년	KBS 〈빅마마〉 '외국어왕'으로 출연
	CGN TV 〈Joey's Bible Album〉 고정출연
	〈2007 조용필 콘서트〉 뮤지컬 주인공으로 출연
2008년	EBS 〈모여라 딩동댕〉 고정출연
	국제학교 입학(2008~2009)
	EBS 〈톡!톡! 보니하니〉 고정출연
	영화 〈Snow Buddies〉 더빙
2009년	KBS 〈이주일의 동요〉 고정출연
	국제학교 학업우수상 'Superintendent's Award' 수상
	블로그에 영어 스토리텔링 동영상 게재 시작
	Skylife tv 〈키즈톡톡〉 고정출연

	대교방송 〈Crayons English〉 고정출연
	서울프랑스학교 주말 프랑스어 과정(2009~2012)
	초등 3학년 영어교과서 촬영(중앙교육진흥연구소)
	초등 4학년 영어교과서 촬영(중앙교육진흥연구소)
	Skylife tv 〈Vroom Rider-The Story Explorer〉 고정출연
	Y-STAR 〈특종헌터스〉 '부모열전, 미래의 하버드대생 서찬송'편
2010년	KBS 〈아침 뉴스타임〉 '초등학생이 선생님?'편
	초등 3학년 영어교과서 촬영(중앙교육진흥연구소)
	초등 4학년 영어교과서 촬영(중앙교육진흥연구소)
	EBS 초등영어 〈Go For It〉 출연
	YBM 시사닷컴 토익브릿지 경시대회 전국 최고 점수(180점 만점에 176점)
	초등 5학년 영어교과서 촬영(해피하우스)
2011년	초등 5학년 영어교과서 촬영(천재교육)
	여성월간지 퀸 특집기사 『국내 순수파도 바이링구얼이 가능하다』
	채널 뷰 〈드림메이커 별을 쏘다〉 '홈스쿨링으로 4개국어 완전정복!'편
	소년조선일보 특집기사 『5개 국어 구사 '언어영재' 서찬송』
	스토리온 〈수퍼맘 다이어리〉 '홈스쿨링맘 정현미'편
	MBC Life 〈서바이벌 천재적인 생활〉 '영재 vs 천재'편
	스페인어 시작
	초등 5학년 영어교과서 촬영(YBM 시사영어사)
	초등 6학년 영어교과서 촬영(YBM 시사영어사)
	채널 A 〈김성주의 모닝 카페〉 '영재밥상-서찬송'편
2012년	이탈리아어 시작
	NEAT 2급 모의고사(듣기·말하기·쓰기부문 A등급)
	일본 NTV 〈世界わけあり家族〉 출연
	e-future Essay Writing 프로젝트 참여

 Contents

4_ Prologue
아이에게 외국어 씨앗 심어주기, 영어 못하는 엄마가 더 유리하다!

8_ 서찬송 프로필

 Part 1 **영어 못하는 엄마,
찬송이에게 7개 국어를 심어주다**

16_ 저, 영어 콤플렉스 있는 여자예요
21_ 혹시 우리 딸 천재 아니야?
27_ 첫 번째 아웃풋, "No, no!"
31_ "엄마, 나 영어유치원 가기 싫어!"
36_ 외로워도 슬퍼도 영어 공부는 계속된다
39_ 반년치 생활비와 맞바꾼 호주 체험여행
45_ 곤니찌와, 일본어를 놀면서 배우다
50_ 니하오마, 중국어로 눈을 돌리다
55_ 봉주르, 프랑스어와 사랑에 빠지다
62_ 내 아이를 위한 최선책, 홈스쿨링
67_ 외국어왕 서찬송, 방송국에 떴다!
71_ 영광의 상처를 딛고 일어서다
76_ 위기를 견디면 기회가 된다
81_ 외국어 실력은 꿈으로 가는 고속열차표

이렇게 발전했어요
"찬송이 언니에게서 외국어에 대한 열정을 배웠어요." 86

순수 국내파 찬송이는 어떻게 7개 국어를 터득했을까?

90_ 앞에서 당기지 말고 뒤에서 밀어줘라
- 조급함과 비교본능을 버려라 90
- 한 발 물러서주는 지혜도 필요하다 92

95_ 스스로 하고 싶게 만들어라
- 언어가 아닌 놀이로 접근하게 하라 95
- 호기심을 유발할 만한 '물밑작업'은 필수! 97

99_ 무슨 일이 있어도 집중시간은 끊지 마라
- 집중시간을 끊으면 상상력도 끊어진다 99
- 아이가 관심을 끊으면 곧바로 그만두어라 101

105_ 귀를 뚫어야 입과 눈이 트인다
- 다양한 소리 흘려듣기로 청각을 사로잡아라 105
- 이야기책은 듣기자료가 포함된 것으로 골라라 107

110_ 외국어 공부에도 순서가 있다
- 둘 이상의 외국어는 시차를 두고 배우게 하라 110
- 어떤 언어든 '쓰기'는 가장 나중에 시켜라 112

115_ 다양한 체험으로 외국어와 친해져라
- 영어전문서점과 도서관을 내 집처럼 드나들게 하라 115
- 국내 체험학습을 적극 활용하라 118
- 배우고 싶은 언어의 나라로 여행을 떠나라 120

123_ 다개국어, 일단 씨앗부터 뿌려라
- 일본어, 애니메이션으로 호기심을 자극하다 123
- 중국어, 현지인과 부딪혀 느낀 한계를 계기로 바꾸다 125
- 프랑스어, 일단 좋아하게 만들면 배우기 쉬워진다 128
- 스페인어와 이탈리아어, 유사점을 최대한 활용하다 130

이렇게 발전했어요
"찬송이 언니처럼 공부했더니 외국어에 흥미를 가지게 됐어요." 134
"찬송이 누나의 스토리텔링 덕분에 영어의 매력에 푹~ 빠졌어요." 136

Part 3 찬송맘이 알려주는 외국어 공부 단계별 비책

STEP 1 Listening + Viewing Start
가능한 한 많이 들려주고 자주 보여주기

141_ 다양한 소리를 들려주는 것부터 시작하자
144_ 아이의 집중 여부를 살피자
146_ 중독과 집중을 분명히 구분하자
149_ '반드시 봐야 하는 것'은 없다
151_ 책을 장난감처럼 가지고 놀게 하자
154_ 한국어 설명, 따로 해줄 필요 없다
157_ 파닉스는 자연스럽게 접하게 하자

STEP 2 Reading + Speaking Start
입으로 읽고 말로 표현하게 하기

161_ 첫 책은 시청각 자료 내용과 매치시키자
163_ 엄마의 목소리로 읽어주자
165_ 책 선택권을 아이에게 넘기자
168_ 발음은 교정될 때까지 내버려두자
170_ 남에게 가르치면서 배우게 하자

STEP 3 Listening + Reading Level up
어휘력 확장과 표현력 발전에 주력하기

175_ 레벨업의 기준은 '아이의 눈높이'다
178_ 새 단어는 맥락을 통해 유추하게 하자
182_ 반복 읽기로 어휘력을 키우자
185_ 문법, 굳이 가르칠 필요 없다

STEP 4 Writing Start
하고 싶은 말을 영어로 써보기

189_ 쓰기는 아이가 원할 때 시키자
192_ 서툴더라도 절대 고쳐주지 말자
195_ 글과 그림으로 일상을 표현하게 하자
199_ 읽은 책에 대해 말하고 쓰게 하자
205_ 인상 깊었던 기억에 대해 쓰게 하자

이렇게 발전했어요
"세계적인 음악가로 가는 길, 찬송표 영어로 시작했어요!" 212
"누나쌤과의 전화 영어로 회화 실력이 몰라보게 늘었어요~" 214

찬송맘이 귀띔하는 성공적인 홈스쿨링을 위한 몇 가지 조언

218_ 엄마는 이렇게 공부하세요
- 영어책 미리 읽어보기 220
- 어학 테이프와 CD 자주 듣기 221
- 가계부와 다이어리 영어로 쓰기 222
- 교육과 관련된 각종 자료 스크랩하기 223

225_ 아이와 이렇게 소통하세요
- 아이와 함께 계획하되 얽매이지 않기 225
- 아이의 자율성 존중하기 228
- 원하는 지식을 마음껏 흡수하도록 도와주기 229

232_ 홈스쿨링, 이것만은 꼭 고려하세요
- 자녀에게 꼭 맞는 최선의 방법인가? 234
- 학교 이상의 환경을 조성해줄 수 있는가? 236
- 인생의 장기적인 목표와 꿈이 있는가? 238
- 아이를 끝까지 관리할 수 있는가? 241
- 아이와 충분히 대화하고 소통하는가? 242
- '나만의 포트폴리오'를 만들 수 있는가? 245

찬송맘과 이웃 블로거들이 나눈 Best Q&A 250
찬송이는 이런 영어책을 읽었어요 260
찬송이는 이런 시청각 자료를 봤어요 272

1 저, 영어 콤플렉스 있는 여자예요
2 혹시 우리 딸 천재 아니야?
3 첫 번째 아웃풋, "No, no!"
4 "엄마, 나 영어유치원 가기 싫어!"
5 외로워도 슬퍼도 영어 공부는 계속된다
6 반년치 생활비와 맞바꾼 호주 체험여행
7 곤니찌와, 일본어를 놀면서 배우다
8 니하오마, 중국어로 눈을 돌리다
9 봉주르, 프랑스어와 사랑에 빠지다
10 내 아이를 위한 최선책, 홈스쿨링
11 외국어왕 서찬송, 방송국에 떴다!
12 영광의 상처를 딛고 일어서다
13 위기를 견디면 기회가 된다
14 외국어 실력은 꿈으로 가는 고속열차표

영어 못하는 엄마,
찬송이에게 7개 국어를 심어주다

PART 1

저, 영어 콤플렉스 있는 여자예요

"찬송이 엄마는 영어를 굉장히 잘하시나 봐요?"

찬송이의 외국어 실력이 알려지고 여기저기 매스컴을 타게 되면서 적잖은 사람들이 이런 질문을 해왔다. 이 자리를 빌려 답변하자면 나는 영어를 잘 못한다. 아니, 내게는 영어 자체가 굉장한 스트레스였다.

요즘에는 그런 질문을 받게 되면 그냥 솔직하게 "영어 잘 못해요, 저는." 하고 털어놓지만, 예전에는 그런 말을 하는 것조차 부끄러울 정도로 심각한 영어 콤플렉스에 시달리고 있었다. 내 인생의 유일한

오점! 중요한 순간마다 내 발목을 잡았던 내 인생 최고의 장애물! 그 게 바로 영어였기 때문이었다.

　이러한 내 영어 콤플렉스는 내가 지금의 찬송이만 할 때 시작되었던 것 같다. 지방의 한 도시에서 태어난 나는 넉넉한 가정환경 덕분에 자라면서 별다른 어려움을 겪어본 적이 없는 평범한 소녀였다. 자애로우신 부모님은 늘 나를 비롯한 자녀들의 의사를 존중해 주셨고, 혼을 내거나 윽박지르기보다는 칭찬과 격려로 자존감을 높여주셨다. 뿐만 아니라 우리가 하고 싶은 일이라면 어떤 일이든 전폭적인 지지를 아끼지 않으셨다. 중학교에 처음 들어갔을 때 음악선생님께서 '따님에게 음악적 재능이 있으니 피아노를 가르쳐 보는 것이 어떻겠느냐'고 말씀하시자 그날로 땅을 팔아 피아노를 사주시고 레슨을 받게 해 주셨을 정도였다. 이런 분위기이다 보니 그 시절로는 드물게 초등학교 6학년 때 영어 과외도 받았다. 중학교 들어가기 전에 알파벳도 떼고 단어도 어느 정도 외우는 등 소위 '선행학습'을 한 것이다. 그때까지만 해도 나는 영어를 제법 좋아했다.

　그런데 이상하게도 중학교 입학 후 첫 영어 시간부터 나는 좀처럼 수업에 집중하지 못했다. 남들에게는 난생 처음 배우는 내용이었겠지만, 나는 이미 다 배워 아는 내용들이었다. 같은 내용을 계속 반복하다시피 하다 보니 수업에 흥미를 잃게 되었고, 점차 딴청을 피우는 시간이 늘어갔다. <mark>내가 딴청을 피우는 사이에도 수업은 계속 진행되어 어느 순간 내가 알지 못하는 범위 이상까지 진도가</mark>

나가 버렸다. 한번 진도를 놓치니 점점 따라잡기가 버거워졌다. 학년이 올라갈수록 격차는 더욱 심해졌고, 급기야 나는 영어를 서서히 포기하기에 이르렀다.

초등학교 때 우등상을 받고 중학교 1학년까지는 반에서 1~2등을 다툴 정도로 제법 공부를 열심히 했던 나였는데, 나날이 바닥을 치는 영어 점수 때문에 평균 점수까지 들쑥날쑥했다. 선행학습이 내겐 득이 아닌 독(毒)이 되었던 셈이다.

고등학교를 졸업하고 대학교에 입학하면서 영어와는 영원히 안녕일 거라고 생각했는데, 그건 내 착각에 불과했다. 대학원에 진학하고 박사과정을 밟으려 하자 영어가 또 발목을 잡았던 것이다. 나를 좋게 봐주셨던 은사님께서 박사과정을 권유하셨지만 영어를 극복해 낼 자신이 없어 대학원 진학을 결정할 수가 없었다. 원서들을 읽고 논문도 준비해야 하는데 도무지 용기가 나지 않았던 것이다. 결국 나는 박사과정을 밟는 것을 포기해야 했다.

직장에 다닐 때에도 영어 때문에 고민이 컸다. 내 직장은 카이스트 과학도서관이었는데, 과학기술분야의 방대한 자료를 소장하고 있어 주변의 연구원들뿐만 아니라 교수님들이나 대학원생들도 많이 찾는 곳이었다. 그 당시에도 해외 연구원들이 국내 연구기관에 많이 들어와 있었던 터라 영어가 나와 무관하지 않았다. 급한 마음에 영어회화 학원도 다니고 여러 종류의 영어서적들을 보면서 어떻게든 영어를 조금이라도 업그레이드시켜 보려고 노력했다. 그런데 문법

화려한 싱글라이프를 맘껏 즐겼던 처녀 시절, 혼자 살던 아파트는 늘 선후배들로 북적였고 전시회며 공연 같은 문화생활도 원 없이 누렸다. 전혀 거리낄 것이 없었다. 단 하나, '영어'만이 내 발목을 잡았을 뿐!

책도 보고 단어, 숙어도 외워 보려고 했지만 희한할 정도로 암기가 되지 않았다. 외국인들에게 자료를 찾아주는 등의 기초적인 대화 정도는 가능해졌지만, 딱 거기까지였다. 그 이상의 심도 깊은 대화는 나눌 수가 없었다.

답답함과 갈급함으로 고민하던 끝에 미국으로 어학연수를 가기로 마음먹었다. 가서 영어를 정복한 다음, 돌아와서 박사과정에도 도전해보겠다는 생각이었다. 부모님도 흔쾌히 허락하셨다. 그런데 엉뚱한 곳에서 태클이 들어왔다. 대사관에서 비자 발급을 거절한 것이었다. 미국의 주립대학교에서 받은 어학연수 프로그램 허가 서류와 경제적인 증빙서류까지 다 첨부했는데도 불구하고 단칼에 거절당했다. 반면 똑같이 신청했던 남동생은 벌써 일찌감치 비자를 받아 미국에 가서 공부하고 있었다.

사실 당시 한국인이 미국 비자를 받기란 굉장히 까다로운 일이었다. 특히 미혼 여성의 경우 더더욱 그랬다. 신분과 소득을 증명할 수 있는 서류를 충분히 제출한다 해도 미혼 여성이라는 이유만으로 입국을 거절당하는 경우가 많았다. 두 번의 고배를 마신 끝에 결국 나는 미국행을 포기할 수밖에 없었다.

세월이 흘러 결혼을 하게 되면서 이제 영어로 스트레스 받을 일은 없겠구나 싶어 내심 마음이 편했다. 그런데 찬송이를 임신하고 나서 5개월쯤 되었을 무렵 기이한 꿈을 꾸게 되었다. 내가 예쁜 여자아이를 등에 업고 전 세계를 돌아다니는 꿈이었다. 깨고 나서도 오랫동안 잊히지 않았는데, 아무래도 그게 태몽인 것 같았다.

당시에는 태아의 성별을 알려주는 것이 법으로 금지되어 있던 시절이었지만 나는 직감적으로 알 수 있었다. 뱃속의 아이가 딸이라는 것을, 장차 전 세계를 누비는 글로벌한 인재로 성장할 거라는 것을!

하지만 기쁜 마음도 순간, 걱정이 들기 시작했다. '전 세계를 다니는 아이라면 외국어 실력이 뛰어나야 할 텐데, 어떡하지?' 영어라면 치를 떨었던 내가, 내 아이에게 영어를 가장 먼저 가르쳐야 할 운명이라니… 하지만 글로벌 인재로 키우려면 영어는 필수 중의 필수일 터! 결국 엄마인 내가 환경을 만들어주는 수밖에 없었다. 길고 긴 영어와의 싸움이 다시금 시작되려는 순간이었다.

혹시 우리 딸 천재 아니야?

"어머나, 혹시 우리 딸 천재 아니야?"

아기를 낳고 키우면서 이런 생각 한 번쯤 안 해본 부모는 드물 것이다. 나 역시 여느 엄마들과 똑같았다. 선물처럼 내게 온 찬송이의 모든 것이 신기했다. 손가락 발가락 하나하나까지 예뻤고 뭘 하든 그저 기특하기만 했다.

돌이 되기도 전부터 찬송이에게서 특출한 점을 발견했는데, 뭔가를 보여줬을 때 집중하는 시간이 유독 길었다는 점이다. 맨 처음 발견한 것은 책을 읽어줄 때였다. 찬송이에게 책을 읽어주기 시작한 것은 생후 3개월 무렵이었다. 보통은 모빌이나 초점책 등을 보여주는 시기였지만, 나는 한글로 된 그림책을 읽어주었다. 듣는 것도 가능하고 보는 것도 가능한 아이인데, 누워만 있으면 어쩐지 심심할 수도 있을 것 같다는 다소 엉뚱한 생각이 들어서였다. 아기가 그걸 꼭 알아듣기를 기대해서라기보다는 그냥 습관처럼 놀이처럼 그렇게 해주고 싶었다.

그런데 놀랍게도 5권 정도를 읽어주는 내내 그 작은 아기가 다른 데 시선을 돌리지도 않고 칭얼거리지도 않고 가만히 집중하는 것이 아닌가! 비록 짧은 그림책이긴 했지만 그 모습을 처음 보았을 때에는 어찌나 신기하던지 정말로 '우리 애가 천재인가 봐!' 하는 생각이 들어서 춤을 추고 싶을 정도였다.

최근에 알게 된 것이지만 이론적으로 아기들의 두뇌는 생후 80일을 전후로 명암 식별이 완성되어 색조를 구별하고 초점을 맞출 수

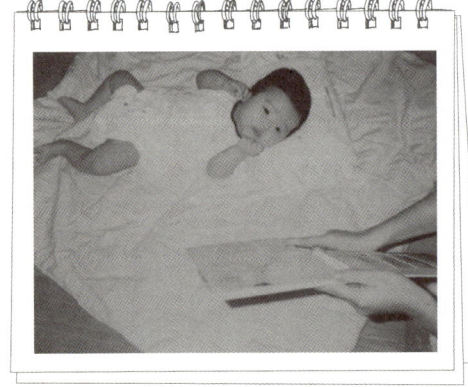

생후 3개월, 이르다면 이른 시점부터 나는 찬송이에게 그림책을 읽어주었다. 비록 아직 목도 가누지 못해 하루 종일 누워만 있는 아기였지만, 그림책을 읽어줄 때만큼은 초롱초롱한 눈빛으로 집중하곤 했다.

있다고 한다. 책을 읽어주었을 때 찬송이가 집중했던 것도 그렇게 유별난 것은 아니었는지 모른다. 그래도 그때는 '내 아이가 집중을 잘 하는구나!'라고 생각하며 굉장히 뿌듯해했다.

그러나 한편으로는 영어 교육에 대한 고민의 끈을 놓지 못하고 있었다. 찬송이를 재우고 난 뒤에는 어김없이 '어떻게 시작을 해야 할까?' 내지는 '영어도 못하는 내가 잘할 수 있을까?' 하는 걱정으로 밤잠을 설치곤 했다.

결혼에 대한 생각이 없다가 늦은 나이에 결혼했기 때문에 육아나 조기교육에 대해서도 예비지식이 전혀 없었던 나였다. 더구나 찬송이가 태어난 1999년도에는 외국어 조기교육이 거의 없다시피 했던 데다. 많은 교육학자들과 전문가들이 어린아이에게 이중 언어를 가르치는 것은 올바른 선택이 아니라고 주장하기도 했던 때였다. 나부터가 영어에 자신이 없다 보니 무엇부터 어떻게 시작해야 할지 막막하기만 했다.

하지만 부족한 정보 속에서도 '내 아이는 해낼 것'이라는 믿음을 가지고 한 가지씩 시작해보기로 했다. 그때 제일 중요하게 생각한 것이 영어를 풍부하게 접할 수 있는 듣기 환경을 만들어주자는 것이었다. 지금은 인터넷에서 클릭만 하면 다양한 시청각 자료와 교구들에 대한 정보를 쉽게 얻을 수 있고 구입도 할 수 있지만 당시에는 유아용 영어 비디오라는 것 자체가 희귀했기 때문에 어디서 어떻게 구해야 할지, 구할 수나 있을지조차 알 수 없는 노릇이었다. 고민 끝에 남대문에서 무작정 발품을 팔았다. 해외에서 직수입된 비디오를 파는 상점을 찾아 어렵게 몇 개의 비디오를 구했다. 그리고 미국에 있는 남동생에게도 아이에게 보여줄 만한 교육용 비디오를 구해 보내달라고 부탁하였다. 이렇게 아이에게 보여줄 영어 비디오를 준비하는 것으로 찬송이 영어교육의 첫 발걸음을 내딛게 되었다.

그리고 생후 1년이 되던 해 5월, 찬송이에게 난생 처음으로 영어 비디오를 접하게 해주었다. 처음 틀어준 비디오는 '블루스 클루스 Blue's Clues'라는 비디오였는데, 스티브라는 미국인 청년이 등장하여 다양한 토픽에 대해 이야기하는 내용이었다. 듣기 환경을 만들어주겠다는 생각 때문에 집중하리라고는 기대조차 하지 않고 그냥 틀어놓았는데, 기저귀를 차고 앉아 놀고 있던 찬송이가 영어 비디오의 화면과 소리에 눈과 귀를 집중하기 시작하더니 러닝타임 내내 꼼짝도

돌 이후로 찬송이의 집중력은 더욱 좋아져서, 영어 비디오를 틀어주면 2~3시간 정도는 끄떡없이 자리를 지키곤 했다. 책도 무척 좋아해서 장난감처럼 가지고 놀기도 하고, 책장을 넘기며 책 읽는 흉내도 내곤 했다.

않고 보고 듣는 것이 아닌가! 생소한 영어 소리들을 알아듣는 것인지 못 알아듣는 것인지는 알 수 없었지만 찬송이의 눈동자는 그 어느 때보다 초롱초롱했다. 러닝타임이 50분이나 되었는데도 다 끝나고 나서야 비로소 몸을 움직였다. 하도 신기해서 매일매일 틀어주었는데, 틀어줄 때마다 놀라울 만큼 집중하곤 했다.

처음에는 아이가 영어 비디오를 너무 집중해서 보는 것이 신기하기도 하고 '이런 모습이 정상일까?' 싶어 살짝 걱정되기도 하였다. 그래서 한 번은 아이가 비디오를 한참 보고 있을 때 일부러 그 앞에 가서 화면을 가리면서 "찬송아! 까꿍!" 하며 관심을 끌어보기도 하고 방해를 해보기도 하였다. 그런데 찬송이가 곧바로 짜증을 부리는 것이 아닌가! 마치 '난 계속 이거 보고 싶은데, 왜 자꾸 방해하는 거야!'라고 말하는 것 같았다. 그때 결심했다. 비록 어린아이지만, 최대한 아이의 의사를 존중하고 믿어주기로 말이다. 아이가 싫어하면 몰라도 자기 스스로 좋아서 집중하고 있을 때만큼은 굳이 끊거나 방해하지 말아야 할 것 같았다.

하지만 말이 쉬워 존중이지, 정말 지치고 힘들어서 그만두게 하고 싶은 순간도 많았다. 사실 그 무렵의 나는 수면부족에 시달리고 있었다. 영어 비디오를 틀어주면 몇 시간씩 집중하는 찬송이 때문이었다. 일단 집중하기 시작하면 자정을 넘어 밤을 새우다시피 하는 일도 많아서, 그걸 방해하지 않고 옆에 앉아 같이 지켜주다 보면 덩달아 밤을 새우는 일도 부지기수였다. 찬송이야 늦게 잠들더라도 늦잠을 잘 수가 있었지만, 주부인 나는 아침 일찍 일어나야 했기에 여간 곤욕스러운 것이 아니었다. 하지만 아이가 좋아하고 원하는 것임을 알았기에 아이 옆에 앉아서 꾸벅꾸벅 조는 한이 있어도 그 시간을 방해하지 않았고 억지로 재우려 하지도 않았다. 그 대신 아이 혼자 두지 않고 반드시 곁을 지켜주면서 아이를 관찰하고 아이와 함께 반응하려고 하였다. 방해를 하지 않되 방치는 하지 않기 위해 노력한 것이다.

찬송이는 지금도 책을 한 번 붙들면 몇 시간이고 읽느라 자정을 훌쩍 넘기곤 한다. 뭔가에 한 번 집중하기 시작하면 무섭게 몰입한다. 지금 와서 생각해 보면 어릴 때부터 아이가 집중하는 시간을 끊지 않은 것이 결국 집중하는 시간도 길어지게 한 원동력이 아닌가 싶다.

첫 번째 아웃풋, "No, no!"

"No, no!"

첫돌이 갓 지난 2000년 6월의 어느 날이었다. 먹을 것을 주면서 "찬송아, 이거 줄까?" 하고 물어보았을 때였다. 찬송이가 고개를 가로 저으며 "No, no!"라고 말하는 것이 아닌가! 'No'라는 말을 한 것도 신기했지만, 그게 부정과 거부의 뜻임을 알고 그 상황에 맞게 입으로 내뱉었다는 것이 정말 기특하기 그지없었다. 그 무렵부터는 고개를 저으며 'No'라고 말한다든지, 손을 흔들면서 'Bye, bye'라는 말도 곧잘 하곤 했다.

생후 29개월부터는 자신의 감정을 단어로 표현할 줄 알게 되었다. 어느 날인가 찬송이가 '덤보Dumbo'라는 영어 비디오를 집중해서 보고 있었는데, 때마침 우리에 갇힌 엄마코끼리와 아기코끼리가 서로 애타게 그리워하는 장면이 나오고 있었다. 그런데 비디오를 보고 있던 찬송이가 울먹거리더니, 이내 눈물을 흘리는 것이 아닌가? 귀엽기도 하고 걱정도 되고 해서 찬송이에게 이렇게 물어보았다.

"왜 울어, 찬송아?"

그랬더니 여전히 시선은 화면에 고정시킨 채로 이렇게 대답하는 것이었다.

"Sad."

엄마로서 너무나도 감동적인 순간이 아닐 수 없었다. 역시 그동안의 노력이 헛되지만은 않았구나! 잔뜩 몰입해 있는 아이의 감정을 깨뜨릴 수 없어 조용히 방으로 들어가 혼자 기뻐했다. 듣기 환경을 충분히 만들어주는 것이 가장 중요하다는 나의 애초의 생각, 그리고 찬송이가 집중하는 시간을 끊지 않고 존중해준 방법이 결코 틀린 것은 아니었구나 하는 확신이 들었다.

사실 그동안 아이에게 해줄 수 있는 게 별로 없다는 생각에 우울하기도 했던 터였다. 엄마인 내가 유창하게 영어를 구사할 수 있었다면 찬송이에게 더 많은 도움을 줄 수 있었을 텐데, 그렇지 못해 아쉬운 마음뿐이었다. '이럴 줄 알았으면 영어공부를 좀 더 열심히 해볼 걸…' 하고 뒤늦은 후회를 하기도 했다.

하지만 기특하게도 찬송이는 부족한 엄마의 교육법에 좋은 반응을 보여주었고 이로 인해 나는 힘을 낼 수 있었다. 비록 영어를 유창하게 하는 엄마만큼은 못하더라도 내가 할 수 있는 능력 안에서는 있는 힘을 다하겠다고 다시 한 번 다짐했다.

우선 유창하지 않은 영어라도 계속해서 아이에게 들려주는 것에 집중했다. 아주 쉬운 단어를 섞은 짧은 영어 문장으로 말을 거는 것부터 시작했다.

"찬송아, Water? 물 줄까?"
"우리 찬송이, 우유 잘 마시네. Milk!"

이런 식으로 간단하게나마 영단어를 섞어 이야기해주었다. 아이가 워낙 어렸기에 구태여 어른인 나조차도 외우기 어려운 긴 문장을 외워 말하지는 않았다. 어차피 모국어인 한국어도 '엄마', '아빠' 같은 짧은 단어로 시작하는 마당에, 영어라고 별다를 것 없다고 생각했기 때문이었다.

영어 그림책도 열심히 읽어주었다. 발음은 자신 없었지만, 틀리더라도 과감하게 읽어주려 노력했다. 영어 비디오도 꾸준히 시청하고 있었기 때문에 설령 엄마인 내가 틀리게 발음하더라도 자연스럽게 원어민의 발음을 따라갈 것이라고 믿었다. 영어 비디오를 믿었다기보다는 내 아이의 가능성을 믿었다고 해야겠다. 어쨌든 내가 영어를 못한다고 해서 두려워하거나 아예 시도조차 하지 않는 것보다는, 부족한 영어 실력이라도 자신 있게 읽어주고 말해주는 것이 아이에게 조금이나마 더 나은 영향을 미칠 것이라고 생각했다.

다행히 내가 믿은 대로 찬송이의 영어 실력은 나날이 좋아졌다. 감정 표현도 풍부해졌고, 조금씩 자신의 생각을 표현할 줄 알게 되었다. 하루가 다르게 말이 늘어갔고, 그만큼 영어도 늘어갔다. 나 역시 영어 비디오와 영어 채널을 통해 찬송이를 매일 영어에 노출시켜주고 부지런히 영어책을 읽어주는 등 최선의 노력을 다했다. 다시 그 시절로 돌아간다 해도 그때처럼은 할 수 없을 만큼 열정적으로 말이다.

한창 찬송이가 말하기와 영어에 재미를 붙이기 시작했던 그 시절, 찬송이의 입에서는 심심치 않게 영어가 튀어나왔다. 놀이터에서 놀다가도, 마트에 가서 과자를 고르다가도, 동물원에 놀러가서도 마찬가지였다. 아마 우리말보다 영어가 먼저 떠올라 자신도 모르게 내뱉는 모양이었다. 우연히 이런 모습을 보게 되는 사람들은 깜짝 놀라며 신기해했고, 어김없이 "미국에서 살다 오셨나 봐요?"라는 질문을 하곤 했다.

그럴 때마다 더없이 기쁘고 뿌듯했다. 아직 갈 길이 멀긴 하지만 시작 단추를 잘 끼운 것 같은 느낌이었다.

하지만 한편으로는 온갖 고민을 하지 않을 수 없었다. 지금도 스펀지에 물 스미듯 가르쳐주는 모든 것을 남김없이 빨아들이는 아이인데, 머지않아 내가 해주는 교육만으로는 부족한 순간이 올 게 분명했다. 그때는 어떻게 해야 되나 하는 걱정으로 머리에 쥐가 나는 것 같았다. 누군가의 도움이 간절했다.

'더 좋은 환경에서 체계적으로 영어를 접하게 해주고 싶은데… 좋은 방법이 없을까?'

고민 끝에 전문가에게 찬송이를 맡겨보면 어떨까 하는 데까지 생각이 미쳤다. 하지만 학원에 보내기에는 찬송이의 나이가 너무 어렸다. 이웃에 사는 찬송이 또래의 엄마들에게 이야기를 하니, 영어 유치원이라는 게 생겼다며 거길 보내 보는 게 어떻겠냐고 했다.

이야기를 듣는 순간 무릎을 탁 쳤다. 그래, 이거다. 친구들도 많이 사귈 수 있을 거고, 영어 속에 풍덩 빠지게 될 테니 지금보다 양질의 영어를 습득하는 데 도움이 될 것이 분명했다. 나는 망설임 없이 영어 유치원을 찾았고, 몇 시간의 상담 끝에 찬송이를 입학시키기로 결정했다. 그때 찬송이의 나이 네 살이었다.

그런데 예정에 없던 이사를 하게 되는 바람에 한 달 남짓 다니고는 그만두게 되었다. 어느 정도 집안 정리가 끝나고 나서야 다시 찬송이를 영어 유치원에 보낼 수 있었다. 4개월 정도 쉬었다가 다니는 것이었지만, 찬송이는 마치 언제 쉬었냐는 듯 물 만난 고기처럼 영어 유치원을 누비고 다녔다. 찬송이를 담당했던 원어민 선생님은 찬송이에 대해 '영어구사능력speaking이 뛰어나고 스마트smart하며, 리더 기질이 있음'과 같은 호의적인 평가를 내려주었다. 아기 때부터 영어 비디오와 영어 채널을 매일 시청하고 영어책을 많이 읽어 쌓은 실력을 가감 없이 발휘하는 모양이었다. 그래서였을까? 얼마 지나지 않아 유치원 원장님에게서 전화가 걸려왔다.

"찬송이가 또래 아이들에 비해 영어 수준도 매우 높고 인지 속도도 무척 빨라요. 어머님만 허락하신다면 상위 클래스로 옮기게끔 하고 싶은데 괜찮을까요?"

찬송이의 경우 간단한 의사표현은 영어로 곧잘 하는 편이었는데, 또래 아이들은 이제 막 알파벳을 배우기 시작한 수준이었으니 유치원 측에서 또래 아이들과는 레벨이 맞지 않는다고 판단을 한 것 같았다. 여러 번의 논의 끝에 결국 찬송이는 자신보다 두세 살 많은 언

영어 유치원에 다녔던 당시 찬송이의 나이는 네 살밖에 되지 않았다. 잘 적응해나갈 수 있을지 걱정이 많았는데, 찬송이는 아기 때부터 쌓아 온 영어 실력과 특유의 친화력을 십분 발휘하며 금세 적응하는 모습을 보여주었다.

니 오빠들이 다니는 클래스로 옮기게 되었다.

그런데 뜻밖의 문제가 생겼다. 어느 날은 아이가 잔뜩 풀이 죽은 얼굴로 돌아왔기에 걱정이 되어 무슨 일이 있었냐고 물으니, 대뜸 이런 말을 하는 거였다.

"엄마, 나 유치원 가기 싫어."

금방이라도 눈물을 터뜨릴 것 같은 아이를 붙들고 캐물으니, 아무래도 괴롭힘을 당했던 것 같았다. 기존에 있던 아이들 중 짓궂은 몇몇 남자아이들이 자기보다 어린 동생이 들어오는 것을 못마땅하게 여겼던 것이다. 그 무렵의 아이들이 유독 또래집단과의 유대관계가 강한 데다, 자기네들보다 한참이나 어린 꼬맹이가 매번 잘 한다고 칭찬을 받으니 샘이 났던 모양이었다. 물론 모든 아이들이 그런 것은 아니었지만, 선생님이 보지 않을 때 쥐어박거나 괴롭히는 등 짓궂게 구는 녀석들이 일부 있었다고 했다.

사실 이런 사건이 터지기 전부터 학습 방법에 대한 고민을 하고 있던 터였다. 영어 유치원에서는 레벨마다 정해진 수업 범위가 있었다. 집에서 자유롭게 연령대를 넘나들며 영어를 배우던 찬송이의 기존 학습법과는 확연히 달랐다. 더구나 유치원에서 제시하는 책 중에는 찬송이가 이미 오래전에 읽은 책도 있어서 아이가 지루해하는 경우도 생겼다. 그렇다고 여러 명이 듣는 수업을 찬송이만을 위해 조정해달라고 할 수도 없는 노릇이었다.

그런데 외향적인 성격인 찬송이가 일부 오빠들 때문에 자꾸 주눅

이 들고 얼굴에 그늘이 지는 모습을 보자 정말이지 '이건 아니다' 싶었다. 학습법도 학습법이고, 아이에게 불필요한 상처를 주면서까지 영어 유치원을 고집할 이유가 없다고 판단한 나는 과감하게 영어 유치원을 접기로 했다. 조금 부족하겠지만 애정을 듬뿍 담은 엄마표 수업이야말로 상처받은 내 아이에게 치료약이 될 것이라고 생각하면서 말이다.

외로워도 슬퍼도 영어 공부는 계속된다

그해 여름은 유난히도 힘들었다. 찬송이의 영어 유치원 사건 때문에 속앓이를 했던 데다, 머지않아 친정아버지가 돌아가시는 바람에 심적으로 무척 힘든 나날을 보내야만 했다. 설상가상으로 경제적으로도 어려운 일들이 생기기 시작했다. 목회자였던 남편이 집안의 모든 돈을 끌어다 털어 붓고 그것으로도 모자라 여기저기 빚을 내어 어렵게 교회를 세웠는데, 얼마 가지 못하고 경영난과 여러 가지 문제에 부딪혀 문을 닫게 된 것이다.

빚은 고스란히 우리 몫으로 떨어졌다. 집은 물론이고 가지고 있던 통장이며 적금도 고스란히 빚 갚는 데 쏟아부어야 했다. 경제적 굴곡과 인생의 굴곡이 한꺼번에 찾아오다 보니 사실상 찬송이 교육에 투자할 심적인 여유도, 물질적인 여유도 없었다.

우리 세 식구는 뿔뿔이 흩어져야 했다. 아이와 나는 친정과 지방에 있는 사촌 집을 오가며 지냈다. 그러다 보니 영어 비디오와 영어 채널을 전처럼 맘껏 볼 수 있는 환경이 못 되었다. 집에 있는 책을 다 가지고 가지 못해 영어 동화책과 영어 학습서도 충분하지 않았다. 급히 가져간 것들만으로 소극적인 홈스쿨링을 진행하는 데 만족해야 했다. 가끔씩 영어 비디오를 보여주기도 하였지만, 몇 시간씩 양껏 시청해오던 찬송이의 성에는 좀처럼 차지 않는 듯 보였다.

하지만 정말 감사했던 것은 그런 어려운 환경 속에서도 새로운 것을 경험하고 배우는 것에 대한 찬송이의 욕심과 의욕은 꺾이지 않았다는 점이다. 찬송이는 사촌들의 서가에 빽빽이 꽂혀 있는 한글 책들을 모조리 읽기 시작하였고, 사촌 언니가 유치원에 간 시간에는 나와 함께 영어 학습서로 놀이도 했다. 가지고 간 영어 동화책도 지루해하지 않고 반복해서 읽고 또 읽었다.

찬송이의 학습욕은 좀처럼 사그라질 줄을 몰랐다. 그 당시 찬송이는 다섯 살이었는데, 한글을 읽을 수는 있었지만 쓰기는 해 본 적이 없던 상태였다. 영어든 한글이든, 쓰기는 찬송이가 필요로 할 때 시작할 것이라고 생각했기 때문에 굳이 시키지 않았던 터였다. 그런데 언젠가부터 아무도 알려주지 않은 한글을 그림 그

리듯 흉내 내어 쓰기 시작했다. 저보다 한 살 많은 사촌 언니가 유치원에 다니며 한글 쓰기를 하는 것을 보고 부럽기도 하고 샘도 났던 모양이었다. 어깨너머로 꼼지락거리며 따라 쓰기 시작한 것이 나날이 늘어 받아쓰기 시합에서 사촌 언니를 앞지르기까지 했다. 정말 못 말리는 욕심쟁이라며 한참을 웃었던 기억이 있다.

눈치를 주는 사람은 없었지만 남의 집에서 지내야 하는 상황이 어린 찬송이에게도 적잖은 스트레스와 불편함을 주었을 것이다. 갑작스레 바뀐 편치 않은 환경에서 힘들었을 딸을 보며 얼마나 안타깝고 마음이 아팠는지 모른다.

하지만 그런 엄마의 속상한 마음을 위로라도 하듯 늘 호기심에 차서 의욕적으로 무언가를 해내고자 하는 딸아이를 보면서 어려움에 무릎 꿇지 않고 꿋꿋하게 버텨낼 용기와 힘을 얻을 수 있었다.

지금도 가끔 생각한다. 그 시기에 원어민과 풍성하게 대화할 수 있는 좋은 환경을 만들어줬다면 얼마나 좋았을까 하고. 경제적으로나 정신적으로나 어렵고 힘든 시기를 보내게 만든 것이 두고두고 아쉽고 미안할 뿐이다. 하지만 긍정적으로 생각하기로 마음먹었다. 비록 영어로 대화를 나눌 수 있는 상대방은 없었지만, 시청각 자극을 놓치지 않은 것만으로도 찬송이에게 큰 도움이 되었을 거라고 말이다.

반년치 생활비와 맞바꾼 호주 체험여행

　친정과 친척집을 오가며 지내야 했던 몇 개월간의 지독히도 힘든 시간을 보내고 나니 어느새 봄이었다. 찬송이는 여섯 살이 되었고, 여느 때와 다르지 않게 배움에의 욕구로 충만해 있었다. 죽으라는 법은 없다고 했던가? 너무 힘들어 모든 것을 놓아버리고 싶을 만큼 지쳤을 무렵, 집안 형편이 일시적으로 나아진 덕분에 조금은 숨을 쉴 수 있게 되었다.

　자신 때문에 가족들이 모두 고생하게 되었다며 죄책감을 느끼고 있던 남편은 형편이 피기가 무섭게 찬송이의 학습을 위해 뭔가 해줄 것이 없을까 고민하기 시작했다. 영어를 그토록 좋아하고 어학적인 재능을 보이는 아이에게 그동안 충분한 환경을 조성해주지 못한 것에 대한 미안함 때문이었으리라.

씀씀이에 있어 몹시 소심한 나와는 달리, 남편은 성격상 배포가 큰 편이었고 특히 하나밖에 없는 딸아이의 교육에 관한 부분이라면 뭐든 아끼지 않으려 하였다. 예를 들어 내가 찬송이의 영어책 한 권을 가지고도 살까 말까 고민하는 스타일이라면, 남편은 아예 고민도 하지 않고 척하니 전집을 사다 안기는 스타일이었다. 이번에도 역시 남편은 상상 이상의 것을 가져왔는데, 다름 아닌 호주행 비행기 티켓과 숙박권이었다.

'갑자기 어디에서 돈이 나서…….'

이상하다 싶었는데 아니나 다를까, 반년치 생활비를 몽땅 털다시피 해 결제한 것이었다. 사정을 알게 된 이상 잠자코 있을 수가 없어 당장 환불해오라며 화를 냈다. 하지만 남편의 결심은 확고했다. 찬송이 교육을 위해서라도 다녀올 수 있을 때 다녀오라는 것이었다. 어학에 특히 관심이 많은 아이이니 현지인들하고 직접 부딪혀보는 게 찬송이한테도 많이 도움이 될 거라는 게 남편의 주장이었다.

끝없는 회유 끝에 결국 나는 KO패 당하고 말았다. 돌아왔을 때 어떻게 생활을 꾸려나가야 하나 걱정이 앞섰지만, 일단 다녀오기로 결심했으니 최대한 찬송이가 많은 것을 체험해볼 수 있도록 도와주는 데에만 신경을 쏟기로 했다. 사실 나 역시 중간 중간 찬송이의 영어 자극을 지속해주지 못해 아쉬움이 있었는데, 이번 호주 여행이야말로 그 아쉬움을 모두 털어버릴 수 있는 좋은 기회일 터였다. 찬송이에게 있어서도 영어 비디오와 영어 채널, 영어책으로만 접하던 영어를 보다 생생하게 접해볼 수 있는 기회였다.

어렵게 얻은 기회였기에 열심히 여행을 준비하던 중, 영어 유치원에서 찬송이를 담당했던 한국인 선생님과 연락이 닿았다. 이런 저런 안부를 묻던 중 여행 이야기를 꺼냈는데, 자신이 호주에서 공부해서 호주의 구석구석을 잘 알고 있다며 우리를 가이드해주고 싶다는 이야기를 했다. 망설임 없이 승낙했다.

출국 전에는 '낯선 환경에서 잘 적응할 수 있을까?' 걱정도 되었지만, 결과적으로 여행은 매우 성공적이었다. 선생님은 아이를 위해 어디에서 무엇을, 어떻게 체험하게 하면 좋을지 잘 알고 있었다. 덕분에 우리는 시드니 오페라하우스에서 어린이 뮤지컬 공연도 관람했고, 말레이시아에서 유학 온 아이의 가족과 함께 식사하며 대화를 나눌 기회도 가질 수 있었다.

찬송이 역시 기대 이상으로 활동해주었다. 아기 때부터 영어 비디오를 통해 간접적 문화체험을 이미 하였고 꾸준한 시청각 노출로 인해 습득한 것들이 있기에 원어민들의 말을 알아듣고 이해하는 데 큰 문제가 없었다. 첫날에는 조금 낯가림을 하는 듯 하더니만 곧 외국인 아이들과도 스스럼없이 어울리며 하루하루를 즐겼다. 다만 아쉽게도 말하기는 원어민처럼 구사할 수 있을

호주 여행에서의 즐거운 한때. 가이드를 해주신 선생님 덕분에 찬송이는 시드니 오페라하우스에서 어린이 뮤지컬 관람 후 공연팀과 함께 사진도 찍고, 시드니 박물관에서 또래 외국인 아이들과 모여 호주에 대한 그림도 그려보는 등 다양한 체험을 할 수 있었다.

정도는 안 되었다. 아직 어렸기 때문이기도 하지만 호주에 가기 전까지 영어 유치원에 잠시 다닌 것 외에는 원어민과 대화를 많이 해볼 기회가 없었기 때문인 듯했다.

하루는 거리를 지나가는데 제법 많은 사람들이 무엇인가를 둘러싼 채 구경을 하고 있었다. 호기심이 많은 찬송이가 그냥 지나칠 리 없었다. 들여다보니 거리 공연이 펼쳐지고 있기에 찬송이와 나도 한 구석에 서서 관객이 되었다. 백인 남자 아티스트가 여러 가지 퍼포먼스를 펼치고 있는 중이었는데, 때마침 퍼포먼스에 동참해 줄 사람이 필요한 모양이었다. 사람들을 둘러보던 그 아티스트의 시선이 찬송이에게서 딱 멈췄다. 조그마한 동양인 꼬마 아이가 눈에 띈 것이었을까? 아티스트는 찬송이를 지목하며 앞으로 나오라고 했다.

아이가 놀라면 어쩌나 걱정한 것도 잠시, 내 걱정은 쓸데없는 것임이 곧바로 드러났다. 어디서 그런 용기가 났는지 찬송이는 주저하지 않고 곧바로 앞으로 나갔다. 곧 아티스트의 지시대로 그가 주문하는 것을 다 따라 하며 함께 즐기고 있었다.

퍼포먼스가 끝나자 주변의 외국인들은 환호성과 함께 박수를 쳐주었고 찬송이는 배시시 웃으며 나에게 달려왔다. 아마 아이도 외국 땅에서 외국인과 어울리며 무엇인가를 해냈다는 것에 대해 스스로 뿌듯해하는 것 같았다.

이처럼 아이가 영어 환경과 문화, 언어를 거부감 없이 받아들이고 즐기는 모습을 보면서 오길 잘했다는 생각이 들었다. 귀국하는 비행기 안에서, 경제적 굴곡과 삶의 굴곡으로 인해 지탱하기 힘든 현실이 닥치더라도 내 아이를 위한 영어의 끈만은 놓지 말자고 다짐했다. 비록 열흘밖에 안 되는 짧은 일정이었지만 하루하루 보고 듣는

금발의 사람들 사이에서 까만 머리를 가진 꼬마 아이가 신기했던 것일까? 아티스트는 수많은 사람들 가운데 찬송이를 지목했고, 찬송이는 망설임 없이 앞으로 나가 아티스트와 함께 퍼포먼스를 즐겼다. 춤과 노래를 좋아하던 찬송이의 끼가 발휘되는 순간이었다.

모든 것들이 아이에게는 무엇과도 바꿀 수 없는 값진 경험이 되어주었을 테니까. 물론 남편과 나에게는 앞으로의 생활비를 어떻게 메울지 고민해야 하는 엄청난 일이 남아 있었지만 말이다.

곤니찌와, 일본어를 놀면서 배우다

 나는 태몽을 꾼 순간부터 찬송이가 전 세계를 다니는 글로벌한 사람이 될 것이라 믿어 의심치 않았다. 그래서 언제 어떻게 물꼬를 터줄지 확실하게 정해두지만 않았을 뿐, 영어 외의 다른 언어도 할 수 있게끔 해줘야겠다는 생각을 늘상 품고 있었다. 더욱 정확히 말하자면 찬송이의 영어 공부를 봐주는 한편 적절한 시기를 엿보고 있었다는 게 맞을 것이다.
 어떤 언어를 먼저 가르쳐줄까 고민하다가 문득 '일본어가 괜찮지 않을까?' 하는 생각이 들었다. 일본어는 대학 때 선택과목으로 한 학기 정도 배운 적이 있었던 데다 직장 다닐 때 어학원에 다니며 배워본 적도 있는 언어여서 다른 외국어에 비해 조금 편히 다가갈 수 있다는 장점이 있었다. 기초 정도는 아이에게 읽어줄 수 있을 테니 내가 아예 모르는 언어보다는 훨씬 낫지 않을까 싶었다. 그래서 일단 나부터 학습서와 학습지 등으로 기초를 다시 다져나가기로 마음먹었다.

그런데 내가 채 일본어의 '일'자를 떼기도 전에 다개국어의 씨앗을 뿌릴 기회가 찾아왔다. 찬송이 스스로가 일본어에 관심을 보인 것이다. 찬송이는 어릴 때부터 인터넷 웹서핑을 자주 하였는데, 어느 날인가는 컴퓨터를 하다 말고 "엄마, 엄마! 나 재미있는 만화를 발견했어."라며 호들갑을 떨었다. 가서 보니 여자아이들이 좋아할 만한 일본 애니메이션을 틀어놓고 있었다. 애니메이션으로 접하면 아무래도 일본어를 친근하게 느낄 것 같다는 생각이 들어 별다른 말은 하지 않고 열심히 보라고 격려해주었다.

찬송이는 이내 각각의 시리즈들을 보는 데 재미를 붙였는데, 그중에서도 〈베리베리 뮤우뮤우(東京ミュウミュウ)〉나 〈피치피치 핏치(マーメイドメロディーぴちぴちピッチ)〉 같은 애니메이션들을 가장 좋아했다. 예상대로 찬송이는 애니메이션을 보게 되면서 일본어에도 굉장한 관심을 보였다. 그 관심이 도화선이 되어 급기야 일본어를 배우고 싶다며 조르기 시작했다.

처음에는 일본 동화책을 읽거나 애니메이션을 보는 것으로 그

갈증을 해결하였다. 하지만 찬송이의 목마름은 여전한 듯 보였다. 아이가 이토록 원하는데, 엄마로서 더는 모른 체할 수가 없었다. 결국 지인에게서 일본어에 능통한 선생님을 소개받아 일주일에 한 번, 2시간씩 과외수업을 받게 되었다. 다만 무조건 아이에게 밀어 넣기만 하는 주입식 교육을 가장 싫어했고 경계했기 때문에 과외 선생님이 처음 오셨을 때 단단히 당부를 드렸다.

"선생님, 우리말을 하지 않으셔도 좋으니 일본어로 그냥 놀아만 주세요. 부탁드려요."

선생님은 내가 부탁드린 대로 찬송이의 친구가 되어 함께 색칠놀이도 하고 그림도 그리고 종이접기도 하며 찬송이와 '놀아'주셨다. 언어만 우리말이 아닌 일본어로 바뀌었을 뿐, 놀이한다는 것에는 변함이 없었다. 찬송이는 아기 때부터 생활 속에

찬송이는 선생님과 함께 그림도 그리고 게임도 하면서 일본어와 조금씩 가까워졌다. 놀이로 접근하니 아이는 더욱 학습욕을 불태우는 모습을 보였다. 아마 학습으로 접근했다면 지금까지 즐거워하면서 지속해올 수는 없었으리라.

서 늘 영어와 어울려 놀던 아이였다. 찬송이에게 있어 언어는 놀이와 함께 자연스럽게 접하는 것이지 학습하는 대상이 아니었던 것이다. 그래서 영어 이외의 다른 외국어를 처음 접하게 해줄 때도 학습이 아닌 놀이로 만나게 해주는 것이 당연하다고 생각했고, 내 선택을 믿었다.

비록 가정 형편 때문에 3~4개월밖에 지속시켜주지 못했지만, 일단 물꼬는 텄으니 발전시키는 것은 시간문제라고 생각되었다. 영어 때와 마찬가지로 책과 시청각 자료들로 꾸준히 일본어에 노출시켜주는 데 집중하기로 했다. 중간 중간 끊긴 적도 많았고 일본인과 직접 대화할 기회도 적었지만, 계속 잊지 않게끔 주기적으로 상기시켜 준 덕분에 찬송이의 일본어 실력은 알게 모르게 쌓여 갔다.

최근에서야 오랫동안 쌓아 온 일본어 실력이 빛을 발할 기회가 있었다. 일본 방송채널인 니혼텔레비전^{NTV}에 출연하게 된 것이었다. 우리가 출연하게 된 프로그램은 〈세계의 특별한 가족(世界わけあり家族)〉이라는 신규 프로그램이었는데, 아시아권의 경우 교육에 관련된 내용이 담길 예정이라고 했다.

촬영은 올해 4월과 5월 두 차례에 걸쳐 이루어졌다. 일본인 촬영팀이 우리 집에 와서 찬송이의 일상생활을 여러 날에 걸쳐 밀착 촬영했기 때문에 거의 하루 종일 일본인들과 함께 있게 되었다. 통역사가 있긴 하였지만 아이는 통역을 거치지 않고서도 대부분의 말들을 알아듣고 짧게나마 대답을 하는 등 의사소통을 수월하게 해냈다.

독특한 스토리를 가진 가족을 소개하는 니혼텔레비전의 프로그램에 출연자로 선정, 일본인 촬영팀이 여러 날에 걸쳐 우리의 일상을 카메라에 담았다. 일정 중 통역사 한 분도 동행했으나 찬송이는 통역을 거치지 않고서도 의사소통을 수월하게 해냈다. 그동안 꾸준히 공부해 온 것이 헛되지 않았음을 느낄 수 있었다.

시작이 반이라는 말처럼, 일본어는 우리 찬송이에게 반 그 이상의 의미가 되어주었다. 일본어로 물꼬를 트면서부터 중국어, 프랑스어, 스페인어, 이탈리아어에 이르기까지 여러 언어들을 두루 섭렵하게 되었으니 말이다. 비록 꾸준히 학습하게 해주지 못한 것이 못내 아쉽긴 하지만, 그럼에도 불구하고 이 정도의 결과를 가져올 수 있었던 것은 애니메이션이나 동화책 등을 계속적으로 접하게 해 일본어 환경에 충분히 노출되도록 해준 덕분이 아니었을까 조심스럽게 추측해본다.

니하오마, 중국어로 눈을 돌리다

 엄마의 욕심이란 한도 끝도 없는 것 같다. 일본어가 어느 정도 물꼬를 트고 나자 스멀스멀 다른 언어도 배우게끔 해주고 싶은 욕망이 올라왔다. 주변 엄마들과 이런저런 대화를 나누던 중에 중국어 이야기가 나왔는데, 아이들이 성인이 되었을 즈음에는 중국이 새로운 강국으로 떠올라서 중국어가 영어만큼이나 중요해질 거라는 게 주요 내용이었다. 듣고 보니 그럴 것도 같아 점점 중국어에 관심이 갔다.
 비슷한 시기에 찬송이 역시 중국어에 조금씩 관심을 드러내고 있었다. 애니메이션을 통해 일본어의 소리를 많이 접하면서 동양의 다른 언어인 중국어에 대해서도 호기심을 갖게 된 모양이었다.

하지만 상대적으로 가깝게 느껴졌던 일본어와는 달리 중국어는 단 한 번도 배워본 적이 없는 생소한 언어였다. 맨 처음 중국어를 들어 보았을 때의 그 난감한 기분이란! 무슨 뜻인지 전혀 추측할 수조차 없었다. 그렇다고 해서 중국어를 따로 공부할 자신도 없었다. 가뜩이나 어려운 데다 음절마다 성조가 있어 도저히 시도할 엄두가 나지 않았다.

일본어 때처럼 과외 선생님을 붙여 볼까도 생각했지만 이내 마음을 접어야 했다. 일본어 과외도 힘들다며 접은 마당에 중국어 과외를 시작한다는 건 이치에 맞질 않았다. 그렇다면 대체 어떻게 아이에게 도움을 주어야 할까? 고민하던 차에 섬광처럼 떠오른 것이 있었으니, 바로 학습지였다. 선생님이 오셔서 아이를 봐주시는 것 중에서는 가장 저렴한 방법이었다.

학습지 선생님이 처음 오시던 날, 일본어 선생님 때와 마찬가지로 가장 먼저 이런 부탁을 드렸다.

"선생님, 아이한테 중국어를 가르쳐주려고 하지 마시고 그냥 중국어로 놀아만 주세요."

좋으신 선생님의 배려 덕분에 영어나 일본어를 배울 때와 마찬가지로 찬송이는 중국어 역시 그림 그리기나 만들기 등과 같은 놀이를 통해 자연스럽게 접하게 되었다. 나 역시 억지로 가르치려 들거나 놀이 그 이상의 의미를 두려 하지 않았다. 비록 그마저도 형편이 어

일본어를 배울 때와 마찬가지로 중국어 역시 놀이로 접근하게 했다. 그랬더니 찬송이는 중국어를 '외국어'라는 개념보다는 '새로 배우는 놀이' 정도로 생각하는 듯했다. 덕분에 부담스러워하지 않고 즐겁게 배워나갈 수 있었던 것 같다.

려워지는 바람에 몇 달 지속하지 못하고 그만두게 되었지만 말이다.

선생님의 도움을 받을 수 없게 되자 다시금 고민에 빠졌다. 앞서 이야기한 대로 중국어는 내게 생소한 언어였기에, 내가 찬송이의 중국어 공부에 직접적인 도움을 줄 수는 없었다. 하지만 그렇다고 해서 포기한 채로 무기력하게 있을 수만은 없는 노릇이었다. 그래서 손 놓고 있는 대신 틈틈이 찬송이가 배우는 교재의 테이프를 반복해서 듣기로 했다.

이동하는 차 안에서 운전하며 꾸준히 듣기 시작했는데, 6개월 이상 꾸준히 지속하자 신기하게도 어느 순간부터 조금씩 들리기 시작하는 것이 아닌가! 직접 아이를 가르치는 것은 어렵지만 옆에서 거들어주고 이상한 부분을 찾아줄 수 있는 정도의 코칭은 가능하게 되었다.

감사한 것은 이렇게 배우다 말다를 반복해야 하는 환경 속에서도 찬송이가 불평불만을 하기보다는 "엄마, 선생님이 안 계시니까 앞으로 더 열심히 해야겠어!"라며 의젓하게 행동해주었다는 점이다. 실제로 찬송이는 선생님 없이도 잘 해내고 싶다며 공부를 게을리하지 않았다. 그런 모습에 나도 더욱 자극을 받아 열심히 뛰어야겠다는 생각을 하게 되었다.

제법 시간이 흐른 뒤인 2011년, 스토리온 〈수퍼맘 다이어리〉 제작진으로부터 '홈스쿨링 엄마'편에 출연해달라는 제의를 받았다. 당시 찬송이는 영어, 일본어, 중국어, 프랑스어, 한국어의 5개 국어를 구사할 수 있는 상태였는데 이를 가능하게 한 것이 홈스쿨링이었다는 콘셉트였다. 제작팀은 며칠에 걸쳐 우리의 일상을 밀착 취재했고, 촬영 말미에는 방송국의 지원으로 가족이 함께 중국 칭다오(청도)로 여행을 떠나게 되었다. 그동안 쌓아 온 찬송이의 중국어 실력을 발휘해볼 수 있는 절호의 찬스라는 생각에 나와 남편은 여행 전

〈수퍼맘 다이어리〉에 출연했던 모습. 촬영차 떠났던 중국 여행에서 찬송이는 아주 훌륭하게 우리의 가이드 역할을 잘 해주었다. 티켓이나 물건을 사는 것도, 메뉴를 고르는 것도 거침없이 해냈다. 엄마로서 정말 뿌듯한 순간이 아닐 수 없었다.

그 어느 것도 알아보지 않았다. 모든 것을 전적으로 찬송이에게 맡겨 찬송이가 중국어 실력을 십분 발휘할 수 있게 하기 위해서였다.

결과부터 말하자면 찬송이는 아주 훌륭하게 우리의 가이드 역할을 해냈다. 현지인과의 의사소통에도 별다른 문제가 없었다. 관광지의 입장권을 사는 것에서부터 물건 고르고 계산하는 것, 음식을 고르고 주문하는 것까지 척척이었다. 이 모든 것이 중국어로 이루어졌음은 물론이다. 아이는 마음껏 중국어를 구사하면서 너무나도 행복한 모습이었다. 그 모습을 지켜보는 나 역시 엄마로서 무척 기쁘고 뿌듯했다.

그리고 다시 한 번 확신하게 되었다. 찬송이가 영어와 일본어에 이어 중국어까지 섭렵할 수 있었던 것은 외국어를 공부가 아닌 놀이로 먼저 받아들인 게 주효했음을, 우리 부부의 방식이 틀리지 않았음을 말이다.

봉주르, 프랑스어와 사랑에 빠지다

찬송이가 일곱 살 되던 해인 2005년에도 우리 집의 형편은 계속해서 오르락내리락하고 있었다. 반짝 좋아지는가 하면 다시금 나빠지길 반복해 롤러코스터라도 탄 것처럼 현기증이 날 지경이었다.

잊을 만하면 안 좋은 일이 터져 그걸 수습하고… 이 패턴이 반복되는 동안 나는 조금씩 지쳐갔다. 한창 밝게 커야 할 아이에게 자꾸만 어두운 모습을 보여주는 것 같아 미안했고 나 또한 이 현실에서 자유로워지고 싶은 마음이 간절했다.

그러던 어느 날, 신문을 넘기다 우연히 광고 면에 실린 여행사 광고를 보게 되었다. 순간 눈이 번쩍 뜨이는 것 같았다. 유럽 7개국을 11일 동안 돌아보는 패키지 상품이었는데, '초특가 할인'이라는 명목 하에 다른 상품의 절반 정도밖에 되지 않는 저렴한 가격을 자랑하고 있었다.

그 광고를 보는 순간 가슴이 두근거리며 '이거다!' 하는 생각이 들었다. 아이를 데리고 가서 잠시 힘든 것은 잊고 다양한 유럽문화와 외국어를 경험해 보게 하고 싶었다. 하지만 형편을 생각하니 망설여졌다. 바로 1년 전의 여행으로 무려 반년을 허리띠를 졸라맬 대로 졸라매며 지내야 하지 않았던가.

남편에게 이런 고민을 털어놓으니, 남편은 오히려 다녀오라고 성화였다. 경제적 형편이 조금이라도 풀린 상황이니 찬송이의 어학 교육에 1순위로 투자해야 한다는 게 남편의 주장이었다. 남편 이야기를 듣고 보니 또 그런 듯도 싶었다. 어찌 보면 무모하고 막막한 사고방식일 수도 있지만, 한창 자라나며 새로운 외국어에 무한한 관심을 보이는 찬송이의 모습을 지켜봐온 우리 부부로서는 다른 것은 생각할 겨를조차 없었다.

'그래. 아이에게 나중에 투자하게 될 것을 조금 당겨서 지금 할애하는 거라고 생각하자.'

결심을 굳히고 나서 곧바로 행동에 옮겼다. 마치 지금이 아니면 안 될 것처럼. 그리고 그해 10월, 우리 모녀는 손을 꼭 붙들고 유럽행 비행기에 올랐다. 찬송이에게는 영어 외에 유럽권의 언어인 프랑스어, 독일어, 이탈리아어 등과 다채로운 문화를 체험해 볼 수 있는 소중한 시간들이 될 터였다.

프랑스 파리에서의 망중한. 경제적 어려움으로 인한 마음앓이를 잠시나마 잊을 수 있었던 소중한 시간이었다. 아마 일곱 살 찬송이에게는 매일 매일이 새롭고 즐거운 시간이었으리라. 찬송이는 이때 들은 프랑스어에 푹 빠져 돌아온 이후에도 줄곧 프랑스어를 배우고 싶다며 조르곤 했다.

그 나이의 아이들이 으레 그렇겠지만 찬송이는 새로운 것에 대한 호기심이 유난히 강했다. 어른들과 함께 가이드를 따라다니며 관광지를 돌아보고 도시와 도시를 이동할 때에는 10시간이 넘게 버스를 타야 하는 일정이어서 어린아이에게는 꽤 힘들었을 법도 한데 찬송이는 매일 신이 나서 어쩔 줄을 몰라 했다. 이탈리아에서 이탈리아어를 듣고 프랑스에서 프랑스어를 듣는 것은 너무나 당연한 일임에도 불구하고 아이에게는 신기함의 연속이었다.

이탈리아에서는 주로 버스로 이동을 했는데, 현지인인 버스 운전기사가 계속해서 노래를 흥얼거리는 것이 들려왔다. 그런데 어쩐지 귀에 익은 느낌이었다. 그 노래는 다름 아닌 유명한 이탈리아 가곡이었다. 어렸을 때부터 노래를 좋아했던 나는 학창시절뿐 아니라 직장에 다닐 때에도 합창단에서 활동하곤 했는데, 찬송이가 어릴 때에도 자장가 대신 'O Sole Mio', 'Caro Mio Ben' 같은 곡들을 자주 불러주곤 했다. 그래서 찬송이도 이런 가곡들을 꽤 알고 있었는데, 때마침 이탈리아 현지에서 원어민이 부르는 것을 듣게 된 것이다. 찬송이가 흥분해서 소리쳤다.

"엄마! 내가 아는 노래다!"

"정말 그렇네! 엄마가 자주 불러 줘서 우리 찬송이도 따라 할 수 있는 노래지?"

우리 모녀는 모처럼 신이 나서 그 아저씨가 흥얼거리는 노래들을 따라 하며 지루한 이동 시간을 즐겁게 보낼 수 있었다.

몽마르뜨 언덕에 올랐을 때에도 재미있는 일이 있었다. 기념이 될 것 같아 초상화를 그려주는 거리의 화가 앞에 찬송이를 앉혔는데, 찬송이는 화가가 그림을 완성할 때까지 표정 하나 변하지 않고 꼼짝 없이 앉아 있었다. 이제 막 일곱 살이 된 아이가 진지한 표정으로 그 긴 시간 동안 앉아있는 걸 보며 지나가는 사람들이 걸음을 멈추고

몽마르뜨 언덕에서 초상화를 그려주던 화가 앞에 앉아 1시간여를 꼼짝도 않고 앉아 있었던 찬송이. 주변 사람들이 가던 걸음을 멈추고 구경했을 정도로 몰입하는 모습을 보여 엄마인 나도 깜짝 놀랐던 기억이 있다.

한참이나 찬송이를 쳐다보기까지 했다. 아기 때부터 뭔가 한 가지에 몰입하면 긴 시간 동안 집중하더니, 그 습관은 좀처럼 변하지 않는 듯했다. 끝나고 보니 시간이 1시간 가까이 지나 있어 엄마인 나도 상당히 놀랐던 기억이 있다. 그 초상화는 아직까지도 고이 간직하고 있다.

11일간의 짧은 일정이었지만 유럽의 아름다운 거리와 공원, 세계적인 건축물, 거대한 유물과 박물관, 우리와 다른 음식들과 식문화, 체구가 크고 피부색이 다른 사람들과의 만남, 각 나라마다 가지고 있는 독특한 문화와 언어들을 체험할 수 있는 아주 소중한 시간이었다. 무엇보다 찬송이에게는 외국어의 매력을 느끼고 프랑스어와 이탈리아어 등 새로운 외국어 습득에 대한 도전의식을 갖게 한 절호의 찬스가 되어준 듯했다.

당황스럽게도 그 도전의식은 너무나 빠르게 찾아왔다. 여행을 갔다 온 후부터 찬송이가 프랑스어를 배우게 해달라며 노래를 불러댄 것이었다. 눈을 뜨기가 무섭게 아이는 전에 없던 투정을 부렸다.

"프랑스어, 프랑스어~ 프랑스어가 배우고 싶어!"

"발음이 너무 예뻐. 나도 배워보고 싶단 말이야!"

가만히 찬송이의 이야기를 들어 보니, 파리를 여행하는 동안 들었던 프랑스 사람들의 말하는 소리가 너무나도 예쁘게 느껴졌다고 했다. '며칠 그러다 말겠지'라고 생각했지만 찬송이의 고집은 좀처럼 잠잠해지지 않았다.

중국어가 그랬듯이 프랑스어도 내가 배워본 적이 전혀 없는 언어이다 보니 내 힘으로 해줄 방법이 없었다. 그렇다고 일곱 살짜리를 보낼 만한 프랑스어 학원이 있을 리 만무했다. 유일하게 할 수 있는 방법이라곤 과외 선생님을 구하는 것뿐이었다. 결국 인터넷을 통해 프랑스에서 유학하고 오신 분을 어렵게 선생님으로 모실 수 있었다.

찬송이는 수업 첫 시간부터 신이 나서 2시간 내내 꼬박 집중을 하며 재미있어 했다. 그렇게 몇 주간 수업을 하고 나서 찬송이는 프랑스어에 더 큰 매력을 느끼게 되었다고 했다.

어느 날은 선생님이 가시자 딸아이의 표정이 시무룩해졌다.

"엄마, 프랑스어 수업 시간 좀 더 늘려주면 안 돼?"

나는 할 말을 잃었다. 사실 처음부터 일주일에 한 번, 1시간만 수업을 받게 하려고 했다. 그러나 왕복 3시간이 넘게 걸리는 거리를 오가시는 선생님에게 차마 1시간만 수업해달라는 말이 나오질 않았다. 그래서 2시간을 받게끔 했던 것인데, 시간을 더 늘려 달라니… 뭔가 배우고 싶어하는 마음은 기특하기 그지없었지만 현실적인 문제가 더 크게 다가왔다. '시간을 늘리면 돈이다'라는 생각이 발목을 붙들었다. 결국 아이를 설득하여 시간 늘이기는 다음으로 미루기로 하였다. 이것마저도 두세 달밖에 지속시켜주지 못하고 중단해야만 했다. 일주일 내내 프랑스어 수업만 기다리던 아이에겐 청천벽력 같은 소식이었겠지만, 밥 먹는 것도 걱정할 만큼 어려운 상황이라 선택의 여지가 없었다.

우리 모녀는 꼭 껴안고 서로를 위로했다. 이만큼 해준 것만으로도 감사하고 또 감사한 일이 아닌가! 앞으로 시간은 많고 일단 씨앗을 뿌려두었으니 조금씩 물도 주고, 거름도 주며 키워나가면 될 일이었다. 당장의 힘듦으로 중단하긴 했지만 찬송이와 나는 포기하지 않으리라. 찬송이를 더욱 꽉 끌어안으며 그렇게 다짐을 했다.

내 아이를 위한 최선책, 홈스쿨링

"학교에 안 보내다니, 공교육을 거부하시는 건가요?"

"그래도 학교생활을 해 봐야 사회성이 길러지지 않겠어요?"

"학교에 보내지 않으면 아이의 사회생활에도 문제가 생기지 않을까요?"

'홈스쿨링으로 공부한 아이'로 알려지기 시작하면서 가장 많이 들었던 질문들이다. 이것만 보아도 짐작하겠지만, 대부분의 사람들이 아이를 학교에 보내지 않는다는 것에 대해 이해하기보다는 우려의 시선을 보내왔던 것이 사실이다.

하지만 분명히 말할 수 있는 것은, 처음부터 찬송이를 학교에 보내지 않고 홈스쿨링으로 가르쳐야겠다고 생각했던 건 아니라는 점이다. 다만 아이가 처한 상황과 아이에게 맞는 공부법 등 여러 가지를 고려해 내린 선택이 홈스쿨링이었던 것뿐이다.

찬송이는 어렸을 때부터 장난감만큼이나 책을 좋아했고, 새로운 책과 새로운 지식에 대한 욕심이 굉장히 강한 아이였다. 다섯 살이라고 해서 다섯 살짜리가 볼 법한 책만 궁금해한 것이 아니라, 저보다 나이 많은 언니 오빠들이 볼 법한 책들도 무척 보고 싶어했다. 나와 남편 역시 아이가 보고 싶어하는 책이면 "넌 아직 이런 책 볼 나이가 아니야."라는 식의 제한을 두지 않았다.

이렇게 연령대에 매이지 않고 다양한 책을 접하며 즐기게 하다 보니 의도하지 않게 선행학습이 되어가고 있었다. 초등학교 입학을 앞둔 딸아이의 그런 모습을 볼 때마다 한편으로는 기쁘고 뿌듯하면서도 다른 한편으로는 고민스럽기도 했다.

'이 아이를 어떻게 해야 하나? 학교에 보내는 것이 맞는 것일까?'

여러 종류의 책들을 읽으면서도 계속해서 지식에 목말라하는 아이인데, 학교에 들어간다면 이미 알고 있는 것들을 다시 한 번 획일적으로 공부해야 할 것이다. 아이는 더 많은 지식과 새로운 책들을 궁금해할 테지만 학교의 커리큘럼을 따라가다 보면 시간상 그런 것들을 포기해야 할지도 모른다. 그럴 경우 과연 지금처럼 공부에 재미를 느낄 수 있을까?

그러다 문득, 내 어린 시절의 아픈 기억이 떠올랐다. 영어 선행학습을 한 것이 오히려 역효과를 가져와 수업시간에 흥미를 잃고 결국 영어를 포기하지 않았던가.

게다가 그 무렵 남편의 건강도 몹시 나빠져 우리 가족은 지방에 체류하는 일이 잦았다. 공기 좋은 곳을 찾아 이곳저곳을 떠돌며 생활했기 때문에 찬송이가 학교생활을 정상적으로 할 수 있을지도 불투명한 상황이었다. 그 생각을 하니 이대로 찬송이를 학교에 보내기엔 무리가 있겠다는 생각이 들었다. 그래서 더 이상 고민할 여지없이 자연스럽게 홈스쿨링 쪽으로 마음을 정하게 되었다.

사실 찬송이의 학습 과정을 홈스쿨링이라 이름 붙이기에는 다소 거창한 감이 없지 않다. 학교에서 배우는 과목들을 모두 공부하는 것도 아니고 정해진 커리큘럼이 있는 것도 아니다. 그렇다고 해서 검정고시를 위한 공부냐 하면 그것도 아니고, 대학 입시 준비를 위한 학업이라고도 할 수 없다. 모든 것은 찬송이가 현재 관심 있어 하는 것을 토대로 아이와 상의 하에 결정하고 있다. 그때그때 상황에 맞게 결정을 내리고, 그것이 옳은 결정이길 바라며 앞으로 조금씩 나아가고 있을 뿐이다.

많은 사람들이 염려하는 것들을 모르는 바는 아니다. 흔히 학교에 다니지 않고 집에서 공부하였을 때의 단점으로 사회성 결여를 문제 삼는다. 하지만 사회성이 학교라는 공간에서만 얻어지는 것은 아니라고 생각한다. 나 역시 대학원도 다녀보고 직장생활도 해보았지만,

고학력 군에 속한다고 저절로 사회성이 뛰어난 사람이 되는 게 아님을 주변에서 적잖이 보았다. 제아무리 학교를 많이 다니고 명문대에서 박사과정을 마친 사람일지라도 사회성이 부족한 사람은 의외로 많았다.

게다가 찬송이는 집에서 공부하긴 했지만 사회생활과 차단되는 환경은 아니었다. 교회에서의 여러 활동이나 수련회 등을 통해서 공동체 생활을 경험할 수 있는 기회가 많았고, 아홉 살 이후로는 방송 활동을 하게 되면서 또래 친구뿐만 아니라 다양한 연령대의 친구들을 사귈 수 있었다. 오히려 학교 다니는 아이들보다 다양한 그룹의 친구들과 폭넓은 사회경험, 사회적응력을 쌓을 수 있는 기회가 많았던 것이다.

홈스쿨링을 하고 있다고 하면 많은 사람들이 찬송이의 사회성에 대해 우려의 목소리를 내곤 한다. 하지만 나는 찬송이의 사회성 부분에 대해 전혀 걱정하지 않는다. 이미 찬송이는 방송 활동이나 교회 활동 등을 통해 다양한 친구들을 만나고 있기 때문이다.

홈스쿨링을 하기로 결정한 순간부터 나와 남편은 찬송이를 믿었다. 그랬기에 걱정하거나 조바심을 낼 이유도 없었다. 우리는 그저 남들과 조금 다른 선택을 한 것뿐이었으니까. 그리고 어느덧 사춘기에 접어든 딸아이가 예나 지금이나 사교성 좋고 외향적인 아이로 밝게 자라나고 있는 모습을 보면 그때의 결심과 생각이 그리 틀리지는 않았던 것 같다.

"찬송아, 떨지 말고 평소에 하던 대로만 해, 알았지?"

"엄마, 나 하나도 안 떨려. 걱정하지 마!"

찬송이는 아홉 살 되던 해 6월, 난생 처음 방송에 출연하게 되었다. 커다란 카메라 장비와 조명이 번쩍거리고 프로듀서와 작가, 수많은 스태프들이 분주하게 왔다 갔다 하는 광경은 정신이 없기도 하고 신기하기도 하였다.

찬송이가 출연하게 된 건 KBS 〈빅마마〉라는 프로그램이었는데, 방송인 이휘재 씨가 사회를 보고 김자옥, 김용림, 김을동, 선우용여의 네 빅마마들이 고정 패널로 출연하는 프로그램이었다. 게스트로 각 분야에서 두각을 나타내는 어린이 네 명이 출연해 이야기도 나누고 연예인들과 퀴즈 대결도 하는 내용이었는데, 찬송이는 '외국어왕'으로 뽑혀 시사왕, 한자왕, 수학왕으로 뽑힌 또래 어린이들과 나란히 앉아 녹화에 임했다.

다른 아이들과 함께하는 시간이긴 했지만 각자 재능을 보여줘야 하는 시간도 있었다. 아이를 바라보는 엄마 마음은 긴장과 염려로 가득했지만, 한편으로는 이루 말할 수 없는 뿌듯함으로 힘찬 응원의 박수를 보내고 있었다. 그런데 걱정과는 달리 정작 찬송이는 떨지도, 긴장하지도 않은 채 너무나도 편안하게 임하는 것이 아닌가! 얼굴에는 계속 미소를 띠고 있어서 긴장한 기색은 전혀 찾아볼 수가 없었다.

'방송 체질인가? 어쩜 저렇게 아무렇지 않게 앉아있을 수 있지?'

타고난 방송 체질이라는 걸 여실히 드러내 보여주었던 KBS 〈빅마마〉 촬영 현장. 여유 있게 미소까지 지어보이며 녹화에 임하는 찬송이의 모습은 이미 '프로'였다.

빅마마 김용림 님·선우용여 님과 함께. 두 분은 찬송이에게 '앞으로도 외국어를 열심히 공부해서 또 만날 기회가 있었으면 좋겠다'며 칭찬과 격려를 아끼지 않으셨다.

안정적으로 녹화에 임하는 아이의 표정을 보자 나도 차츰 마음을 진정시킬 수 있었다. 앞서 세 명의 아이들이 각자의 장기를 선보이고, 이제 찬송이 차례가 되었다. 사회자인 이휘재 씨가 날씨에 대한 질문을 던졌다. 평소에 얼마든지 대답할 수 있는 수준의 질문이었다. 그런데 순간적으로 당황한 찬송이가 제대로 대답을 하지 못하고 버벅거렸다. 다행히 이휘재 씨가 재치 있게 대처해주어 어색한 순간을 자연스럽게 넘길 수 있었다. 물론 녹화 방송이라 편집은 되었지만 찬송이 입장에서는 크나큰 실수가 아닐 수 없었다.

그 외에는 긴장하는 일 없이 영어, 일본어, 중국어, 프랑스어로 자기소개를 선보이는가 하면, 힐러리 더프 Hilary Duff의 'Why Not'이라는 노래를 불러 보이는 등 큰 탈 없이 녹화를 마칠 수 있었다. 아직 어린 나이인데도 4개 국어를 곧잘 한다며 빅마마 네 분이 칭찬과 격려를 많이 해주셨다.

녹화 후에는 빅마마 네 분과 이야기도 나누고 기념사진도 찍었다. 그때 김을동 님이 중국어를 굉장히 잘 하신다는 것을 처음 알게 되었는데, 유창하게 중국어를 구사하시는 모습을 보며 찬송이는 엄청난 자극을 받은 듯했다.

집으로 돌아가는 차 안에서 찬송이는 실수의 순간을 무척 아쉬워했다.

"아이고! 그 쉬운 대답을 왜 못했을까?"

딴에는 방송에 '외국어왕'이라는 타이틀을 달고 나갔는데 생각만큼 보여주지 못해 아쉬웠던 모양이었다. 방송 출연이니 떨려서 그랬을 거라고, 실수는 누구나 하는 것이니 다음번엔 더 잘하면 된다며 아이를 다독였다.

그러자 찬송이는 결의에 찬 눈빛으로 이렇게 말하는 것이었다.

"엄마, 아무래도 안 되겠어. 이제부터 외국어 공부 더 열심히 할 거야!"

영어를 좀 더 열심히 했더라면 그런 상황에서도 순발력을 발휘하여 대답을 할 수 있었을 텐데 하는 아쉬움이 아이의 마음에 불을 지핀 것이다. 그날의 사건은 찬송이로 하여금 외국어 공부에 더욱더 매진하게 해주는 커다란 계기가 되었다.

영광의 상처를
딛고 일어서다

　첫 방송 이후 한동안 다양한 방송 매체로부터 걸려오는 섭외 전화로 몸살을 앓아야 했다. 당시 관계자들의 이야기에 따르면 방송을 하는 아이들 중에는 외모가 출중한 아이들도 많았고 연기를 잘하는 아이들도 많았지만, 외국어를 잘하면서도 노래와 춤, 연기까지 할 수 있는 아이를 찾기란 쉽지 않았다고 한다. 그러다 보니 찬송이의 능력이 좀 더 눈에 띄었던 모양이었다.

　대개는 연기수업을 다 받고 나서도 방송 출연의 기회를 얻기 힘든 경우가 많은데 찬송이에게는 좋은 기회가 많이, 그리고 빨리 주어진

편이었다. 그것도 보조출연이 아닌 메인이나 고정으로 출연하는 기회들이 많았다.

2007년 가을부터 2008년 초까지는 영어프로그램의 고정출연자가 되어 매주 원어민과 함께 촬영하게 되었다. 기독교 케이블 채널인 CGN의 〈Joey's Bible Album〉이라는 영어 성경 프로그램이었는데, 원어민 선생님과 함께 영어 챈트, 노래와 춤, 영어회화 등을 하는 것이 주 내용이었다. 영어 채널 시청과 책 읽기 같은 소극적인 영어 환경밖에 접하지 못했던 찬송이에게는 더할 나위 없이 좋은 기회였다. 아이는 일주일에 한 번 녹화하러 가는 시간을 손꼽아 기다리곤 했다.

방송활동을 시작하면서부터는 집에서 엄마와 공부하는 것 외에도 많은 스케줄이 생겨 하루하루를 바쁘고 활기차게 보냈다. 출연하는

노래와 춤을 좋아하는 데다 외국어를 잘했기 때문에 찬송이에게는 좋은 기회가 많이 주어졌다. 조용필 콘서트에서 어린이 합창단으로 찬조 출연을 하기도 하고, EBS 〈모여라 딩동댕〉에 고정출연자로 선발되기도 했다. 외국어 실력에 힘입어 이 밖에도 다양한 활동을 지속해나갈 수 있었다.

프로그램이 하나둘씩 늘었고 얼마 후에는 외국어와 관계 없이 다양한 곳에서 섭외 요청이 들어왔다.

이러한 다양한 경험을 통하여 동료 출연자인 동생들, 친구들과 어울리면서 찬송이는 그동안 쌓였던 시름을 한 방에 날려버릴 수 있었다. 무엇보다도 영어 실력을 향상시킬 수 있는 고마운 시간이기도 하였다. 그리고 감사하게도 그 후 남편의 건강에도 조금씩 차도가 보이기 시작하면서 집안 분위기도 점차 밝아졌다.

다만 일부 프로그램에서 찬송이의 모습을 자신들 나름의 기획 의도에 따라 편집하는 경우가 있어 본의 아니게 우리 가족이 상처를 받게 되는 일도 생겼다. 내가 아이에게 공부만 시키는 '극성 엄마'가 되어 있기도 했고, 찬송이가 집에 갇혀 외국어 공부만 하는 불쌍한 아이로 변신해 있기도 했다.

어느 프로그램에서 우리 가족의 일상을 촬영했을 때는 반찬이 김치, 김, 국이 전부인 식탁이 나간 적이 있었다. 그나마 국도 반찬가게에서 2~3천 원짜리를 사온 것이었는데, 이 장면이 고스란히 방송을 탄 것이 화근이 되었다. 시청자 게시판뿐 아니라 찬송이 블로그까지 넘쳐나는 악플을 감당할 수 없는 수준이었다. 찬송이와 우리 가족의 생활을 전부가 아닌 일부만 내보내다 보니 시청자들이 사실과 다르게 받아들인 모양이었다.

이제야 허심탄회하게 털어놓는 것이지만, 당시는 우리 가정이 극심한 생활고를 겪고 있었을 때였다. 남편의 건강이 악화되어 경제활동을 전혀 할 수 없는 상황이었던 데다 마땅히 도움을 청할 곳도 없어서 매일 끼니를 걱정해야 할 정도였다. 국거리를 사다 국을 끓이는 것보다 반찬가게에서 그때그때 국을 사다 먹는 것이 오히려 비용이 덜 들었기 때문에 그리한 것이었다. 그러나 이런 속사정을 알 리 없는 시청자들에게는 단단히 오해를 샀다. 그래서 한동안 '한창 자라나는 아이에게 어떻게 저런 식단을 먹일 수가 있냐', '제대로 먹이지도 않고 공부만 시키다니, 너무 가혹한 것 아니냐'라는 비난을 받아야 했다.

또 어떤 프로그램에서는 찬송이의 홈스쿨링 공부 과정을 소개했는데, 제작진 측에서 방송 특성상 찬송이의 시간표를 빈 공간 없이 채워서 보여 달라는 요구를 해왔다. 요구대로 만들어 카메라 앞에 내놓았더니 일부 시청자들이 찬송이를 마치 비정상적인 부모의 혹독한 억압 밑에서 수동적으로 공부만 하는 아이로 오해하고 낙인을 찍기도 하였다.

방송을 보고 나서 찬송이의 블로그에 들어와 본 사람들은 그제야 '방송에서 비추어진 게 전부가 아니었구나' 하고 어느 정도 오해를 풀기도 했다. 하지만 악플을 달거나 비난을 일삼는 '안티'들도 제법 있었다. 처음에는 당혹스럽기도 하고 그들이 생각 없이 던진 말들에 상처 아닌 상처를 받기도 했다. 심지어 찬송이가 자신을 향한 비난을 견디지 못하고 울음을 터트린 적도 있었다. 악플 때문에 우울증에 시달리거나 극단적인 선택을 하는 일부 연예인들의 안타까운 심정을 조금이나마 이해할 수 있을 것 같았다.

방송 촬영 경험이 쌓이면서 서서히 방송의 생리라는 것도 이해하게 되었고 오해에서 비롯된 남의 말은 그냥 흘려버리면 그만이라고 대범하게 생각할 수도 있게 되었다. 무엇보다도 우리 모녀에게는 오뚝이처럼 일어날 수 있는 저력이 있다. 삶의 여정 속에서 좋은 일들도 많았지만 더불어 찾아온 많은 시련과 고통스런 나날 속에서 인내를 배웠기 때문이다.

그래서 찬송이와 나는 남다른 치료약을 만들었다. 다른 사람에게 상처를 주거나 부정적인 말을 많이 하는 사람들은 본인이 상처를 받은 적이 있기 때문이라고 생각하기로 한 것이다. 우리 모녀는 이와 같은 사람들을 오히려 더 따뜻하게 대해주자는 이야기를 나누며 서로의 상처를 치유해줄 수 있게 되었다.

위기를 견디면 기회가 된다

다양한 방송활동을 통해 일종의 '사회생활'을 시작한 찬송이는 국내 아이들뿐 아니라 외국 아이들과도 친구가 되면서부터 '학교에 다녀보고 싶다'는 이야기를 종종 하곤 했다. 때마침 지인 중 한 분이 국제학교라는 곳이 있다는 귀띔을 해주셨는데, 찬송이도 옆에서 듣더니 관심이 생겼는지 자꾸만 학교 이야기를 꺼냈다. 하지만 중요한 사안이다 보니 선뜻 결정을 내리지 못하고 있었다. 그러던 어느 날 집 앞에 놓인 지역 신문에서 그 국제학교의 광고가 눈에 들어왔다. 신입생 모집과 더불어 입학설명회를 개최한다는 것이었다.

마음이 동하여 결국 그 학교를 방문하게 되었는데, 방문할 당시에만 해도 학비가 어느 정도일지 예상하지 못했었다. 그런데 상담을 마치고 보니 그야말로 '헉' 소리가 나는 수준이었다. 아이 책 한 권 사주는 것도 몇 번씩 고민하는 형편에 그만큼의 학비를 댈 자신이 없었다. 아무래도 마음을 접어야겠다고 생각하고 있는데, 학교 측에서 한 가지 제안을 해왔다. 찬송이가 홍보대사로 나서준다면 학비를 지원해주겠다는 것이었다.

물론 찬송이가 그 학교의 수업을 소화할 수 있는지 확인하기 위한 절차로 영어 수학능력 평가 필기시험과 영어면접을 거쳐야 했다. 다행히 찬송이는 당시 홈스쿨링뿐만 아니라 영어 프로그램 촬영 등으로 영어의 끈을 놓지 않고 있었기 때문에 무사히 시험을 치러냈다.

"엄마, 잘 본 것 같아. 쉬웠어!"

"우리 딸, 역시 잘 해낼 줄 알았어!"

결과는 합격이었고, 찬송이는 3학년으로 편입해 처음으로 학교생활이라는 것을 해보게 되었다. 선생님들은 모두 원어민이었고 수업은 미국교과서로 진행되었다.

다른 재학생들은 어릴 때부터 영어 유치원 등을 통해 꾸준히 영어를 해 왔거나 외국에서 살다 온 경우가 대부분이어서 영어를 제법 유창하게 구사했다. 찬송이는 외국 거주 경험이나 어학연수 경험은 없었지만 결코 뒤지지 않는 학교생활을 해나갔다. 한 살이 되기 전부터 영어 그림책을 통한 읽기Reading 환경, 영어 비디오와 영어 채널 시청 등을 통한 듣기Listening 환경을 꾸준히 만들어 왔고, 영어 방송프로그램 출연을 통해 말하기Speaking 환경도 만들어진 덕분이었다. 그간 해온 모든 활동들이 찬송이의 학교생활에도 긍정적인 영향력을 미쳤다.

찬송이는 아침마다 등교를 하며 새로운 친구들을 사귀고 친구들과 함께 단체생활을 하는 것을 무척 즐거워했다. 당시 다양한 방송 촬영 스케줄이 있었는데 녹화가 끝나자마자 교복으로 갈아입고 수업 시간에 맞추기 위해 빨리 데려다 달라고 조를 정도로 학교 가는 것을 좋아하였다. 수업과 방송 중 하나도 포기할 수 없다며, 방송 스케줄과 겹쳐 수업을 못 듣는 날에는 이동하는 차 안에서 숙제라도 해야 직성이 풀리는 모양이었다. 그 결과 첫 학기에 100점을 포함한 A+(6과목), A(4과목) 학점을 받았고, 1년 평균 All A를 받아 학년 말에는 우등상도 수상할 수 있게 되었다. 참으로 고맙고 기특한 일이 아닐 수 없었다.

국제학교에 다니던 시절, 찬송이는 1년 평균 All A를 받아 우수한 학생에게 수여하는 우등상을 받게 되었다. 수많은 방송 스케줄 속에서도 숙제며 공부를 빼먹지 않고 지속했던 찬송이의 끈기 덕분이었던 것 같다.

그러나 다음 학년으로 올라가면서부터는 방송활동이 더 많아져서 학교 수업을 완벽하게 따라가기에는 사정이 여의치 않았다. 꼭 방송 때문만이 아니더라도 그 밖의 변수를 가져오는 이런저런 상황들이 뒤따랐다.

또 다른 선택의 기로에 서서 찬송이와 오랫동안 깊은 대화를 나누었다. 그리고 심사숙고 끝에 홈스쿨링으로 다시 돌아오자는 선택을 하게 되었다. 섭섭하고 아쉽기도 했지만 현재의 상황에 대하여 긍정적으로 생각하고, 한 번 결정을 내리고 나서는 뒤돌아보지 않고 미래를 향해 나아가는 데 집중하자고 찬송이와 약속했기에 더 이상 미련 갖지 않기로 했다.

국제학교를 그만두고 홈스쿨링으로 다시 돌아왔을 때 가장 염려되었던 것은 영어였다. 아이 역시 영어를 적극적으로 접하다가 다시 소극적으로 접할 수밖에 없는 환경이 되고 보니 조금은 아쉬운 모양이었다. 그러나 여태까지 학교의 도움 없이도 잘 해왔던 찬송이였다. 그동안 해왔던 것처럼 꾸준히 학습을 이어가면서 또 다른 새로운 방법을 모색하는 등 노력을 게을리하지 않는다면 앞으로도 잘 해나갈 수 있을 것이라 믿었다.

비록 1년밖에 안 되는 학교생활이었지만 익숙해진다는 것은 무서운 법이다. 학교생활에 익숙해진 찬송이로서는 학교를 그만두는 것이 일종의 '위기'와도 같았을 것이다. 하지만 우리 모녀는 '위기를 기회로' 만드는 데 일가견이 있는 사람들이 아닌가! 이번 위기를 잘 이

겨내고 실력을 쌓는 데 집중한다면 더 많은 기회가 찾아올 것이라고 믿기로 했다. 예전에도 그랬으니 앞으로도 충분히 그럴 수 있다고 말이다.

외국어 실력은 꿈으로 가는 고속열차표

10년 전쯤이었던가? 아이와 함께 서점에 갔다가 〈신화가 된 여자 오프라 윈프리〉라는 책을 발견해 구입한 적이 있었다. 읽고 난 뒤 책장에 꽂아 두고 한동안 잊고 지냈다. 그런데 몇 년 후 그 책을 찬송이가 우연히 발견하고 읽었는지 저녁을 준비하고 있는 내게 쏜살같이 뛰어와 이런 말을 했다.

"엄마, 오늘부터 내 롤모델은 오프라 윈프리야."

그 뒤로도 자주 오프라 윈프리를 닮고 싶다는 이야기를 하곤 했다. 어떤 난관에도 굴하지 않는 직업의식과 탁월한 시간관리, 놀라운 사업적 통찰력, 넘치는 쇼맨십으로 세계 최고의 토크쇼 진행자가 된 그녀의 삶에 감동을 받은 듯했다.

　방송 출연을 통해 카메라와 매스컴에 익숙해진 딸아이는 언제부터인가 '만능 엔터테이너'가 되고 싶다는 꿈을 키우기 시작했다. 만능 엔터테이너로 활약하며 기부는 물론 사람들에게 많은 영향력을 끼치고 있는 오프라 윈프리의 영향도 있었으리라. 2011년 여름부터는 일주일에 두 번씩 댄스학원에 다니고 있다. 찬송이가 매주 손꼽아 기다리는 시간이다. 외국어 공부 못지않게 춤에도 열심이다. 결석도 거의 하지 않고 열심히 연습한 다음, 그 결과를 동영상으로 촬영하여 블로그에도 올리고 있다. 오프라 윈프리 같은 방송인이 될지 또 다른 뭔가를 하고 싶어할지는 알 수 없지만, 어쨌든 지금의 찬송이는 춤추고 노래하고 남 앞에 서며 사람들과 어울리는 것을 무척이나 즐기고 있는 상태다.

　이런 찬송이를 보며 엄마로서 다짐한 것이 있다. 그 어떤 것보다도 아이를 믿고 모든 가능성을 열어두자는 것이다. 그래서 아이가 성적만으로 성공하는 사람은 되지 않았으면 좋겠다고 생각하고 있다. 찬송이는 성격상 덜렁거리기도 하고 실수도 많이 한다. 엄마이자 선생님인 내 눈으로 보기에는 치밀하고 완벽하게 문제풀이를 하고 시험을 치러내는 기술에 있어서 아직 다른 아이들보다는 부족한 편이다. 주변에서 종종 권유는 하는데, 아직까지 IQ 검사도 받아본 적이 없다. 궁금하지도 않다. 아이의 무한한 가능성을 그냥 믿어주고 싶기 때문이다. 단지 수치 하나 때문에 교만해지지도 낙담하지도 않게 해주고 싶다.

교육의 중심을 찬송이의 재능과 가능성, 자유로움에 두다 보니 아이를 한국식 교육제도 속에서 치열한 경쟁에 시달리며 자라나게 하는 것은 아무리 생각해도 썩 내키지가 않는다. 시험을 위한 공부가 아니라 공부를 위한 시험이 되었으면 좋겠는데 현실은 그렇지 않은 것 같기 때문이다. 이것이 엄마로서의 솔직한 심정이다.

그러다 보니 대학은 미국으로 보내면 좋지 않을까 하는 생각을 늘 품고 있었다. 홈스쿨링으로 여러 나라의 언어를 준비하고 다양한 경험을 통해 찬송이만의 스토리를 만들어 나가기 위해 노력하고 있는 것도 미국의 대학을 염두에 두고 있기 때문이다. 블로그에 쌓아온 자료들도 장차 대학 진학에 있어서 중요한 포트폴리오가 되어줄 것이라고 생각하고 있다.

블로그를 시작한 계기는 순전히 찬송이의 호기심 때문이었다. 여덟 살 때 우연히 지인이 하는 블로그에 관심을 보이며 포스팅 요령을 유심히 살펴보더니 집에 와서 자기가 직접 만들어 보는 것이었다. 그때만 해도 내게 블로그는 관심 밖의 일이었기 때문에 별로 호응을 하지 않았는데, 방송 출연 등으로 아이가 눈코 뜰 새 없이 바빠지는 바람에 자의 반 타의 반으로 블로그 활용법을 전수받게 되었다.

그 후 찬송이가 가진 재능을 활용해서 다른 아이들에게 도움을 줄 방법에 대해 고민하다 찬송이가 영어책을 읽어주는 동영상을 블로그에 올리기 시작했다. 지금은 수백 개의 콘텐츠가 올라가 있는 상태인데 많은 어린이들과 어머니들이 도움을 받았다며 댓글 등으로 감사의 인사를 전해오곤 한다. 이 활동의 일환으로 찬송이는 아홉 살 무렵부터 주변의 몇몇 동생들과 친구들에게 영어를 직접 가르쳐주는 선생님 역할도 자처하고 있다. 미국의 대학에 입학한다면 찬송이만의 이러한 삶의 과정과 경험들도 독특한 포트폴리오처럼 인정받을 수 있지 않을까 싶다.

간혹 이런 염려를 하는 분들도 있다. 목표를 크게 잡았다가 만약 목표한 곳에 진학을 하지 못하면 뒤따르게 될 고통과 실망감을 생각해 보았느냐는 것이다. 물론 우려해주시는 마음은 감사하지만, 앞날의 목표를 향해 가는 과정들은 그 자체만으로도 소중하다고 생각한다. 그 여정에 미국 대학진학이 있을 수도 있고 방송계 진출이 있을 수도 있고 또 다른 넓은 사회가 있을 수도 있다. 우리 부부가 진정으로 바라는 것은 찬송이가 그 과정 속에서 자신의 재능을 발휘하고, 그 재능을 통해 자신의 이익을 챙기기보다는 남에게 유익을 줄 수 있는 사람이 되는 것이다. 미래의 꿈을 위해 행복하게 준비하고 그 꿈이 실현되었을 때 본인과 가족을 위해서만이 아닌 다른 사람들에게 자신이 가진 것을 나누어줄 수 있는 '된 사람'이 되어 있길 바란다.

'Opportunities belong to those who are prepared.'라는 말이 있다. 기회는 준비하는 자의 것이라는 의미다. 수도 없는 우여곡절

을 겪으며 지내온 시간이었지만, 그 힘듦 속에서도 찬송이는 외국어 공부의 끈을 놓지 않았다. 어렵게 14년간 꾸준히 준비하고 쌓아 온 외국어 실력인 만큼, 그것이 찬송이가 꿈꾸는 모든 것을 가능하게 해주고 찬송이의 무대를 넓혀주는 도구가 되기를 바란다.

"찬송이 언니에게서
외국어에 대한 열정을 배웠어요."

민지(12세) 어머니의 이야기

2011년 2월, 천재교육 영어동영상 촬영을 위해 민지를 데리고 스튜디오를 찾았어요. '과연 민지와 같이 촬영할 친구는 누구일까?' 궁금한 마음을 갖고 들어섰는데 키가 크고 마른 체형의 여자아이와 부모님을 볼 수 있었습니다. 찬송이네 가족이었지요.

멋쩍게 인사를 하고 민지에게 촬영을 위한 옷을 갈아입히려는데, 언뜻 보니 찬송이가 이미 입고 있는 옷이 분홍색이더군요. 민지에게는 분홍색이 아닌 다른 색의 옷을 입으라고 권했어요. 하지만 민지는 자기가 입고 싶었던 옷을 입겠다고 고집했지요. 그 순간 찬송이 어머니가 찬송이에게 옷을 바꿔 입으면 어떻겠느냐고 하시는 거예요! 민지를 배려해주시는 그 마음에 미안함과 감사함이 절로 우러나왔어요. 찬송이도 싫은 내색 없이 "제가 바꿔 입을게요."라고 말해 주었고요.

민지와 찬송이의 첫 만남은 그렇게 시작되었습니다. 이후 5개월 동안 15회에 걸쳐 촬영하면서 민지는 찬송이를 언니라 부르면서 쉬는 시간마다 같이 다니며 사이좋게 지냈어요. 민지는 "찬송이 언니는 영어를 참 잘하고 발음도 정말 좋아. 나도 그렇게 연습을 해야겠어."라며 대본을 암기할 때도 찬송이와 비슷하게 발음하려고 애쓰는 등 찬송이로부터 자극을 받기 시작했지요.

찬송이 어머니는 촬영 대기 시간에도 뭔가를 늘 열심히 하셨는데, 알고 보니 블로그를 관리하고 계시는 거였어요. 그때 찬송이가 홈스쿨링으로 공부하고

이렇게 발전했어요

있는 아이라는 걸 알고 더욱 놀랐지요. 그 후 민지도 자신의 블로그를 만들기 시작했는데 찬송이와 찬송이 어머니도 좋아해 주시면서 직접 촬영한 사진 등을 퍼갈 수 있게 도와주셨어요.

2011년 12월에는 찬송이 부모님의 추천으로 민지도 찬송이와 함께 영어교과서 동영상 촬영을 하게 되었답니다. 이 촬영은 민지에게 많은 도움이 되었어요. 5학년과 6학년 영어교과서를 훑어볼 수 있었음은 물론이고 찬송이와 함께 촬영하는 과정에서 민지의 발음과 읽기 실력, 어휘력이 몰라보게 향상되었기 때문이죠. 뿐만 아니라 찬송이의 언어 습득을 향한 열정, 예의 바르고 공손한 태도, 친언니 이상으로 민지를 아껴주고 챙겨준 배려심 역시 민지에게 많은 긍정적인 영향을 미쳤답니다.

지금 민지는 일본어를 시작한 지 5개월이 넘어가고 있어요. 영어도 더 열심히 해 보겠다며 영어학원에도 등록을 했고요. 게다가 이번 학기에 신입생임에도 불구하고 3단계 상승이라는 놀라운 성적을 거두게 되었답니다! 얼마 전에는 찬송이가 민지에게 노트 한 권을 사주면서 학습한 내용을 어떻게 정리해나가야 하는지 이야기해주고, 앞장에 이런 문구를 적어주었다고 하네요.

"If I realize my dream, I'll become somebody's dream(내가 꿈을 이루면 나는 다시 누군가의 꿈이 된다)."

민지도 찬송이처럼 자신의 꿈을 이뤄나가기 위한 노력을 지속할 거예요.

1 앞에서 당기지 말고 뒤에서 밀어줘라
2 스스로 하고 싶게 만들어라
3 무슨 일이 있어도 집중시간은 끊지 마라
4 귀를 뚫어야 입과 눈이 트인다
5 외국어 공부에도 순서가 있다
6 다양한 체험으로 외국어와 친해져라
7 다개국어, 일단 씨앗부터 뿌려라

순수 국내파 찬송이는 어떻게 7개 국어를 터득했을까?

PART 2

앞에서 당기지 말고 뒤에서 밀어줘라

 조급함과 비교본능을 버려라

엄마라면 누구나 내 아이가 다른 아이보다 뛰어나길 바랄 것이다. 뭐든 척척 잘 해냈으면 좋겠고, 배운 지 얼마 되지 않은 것도 100점 맞았으면 좋겠고… 하지만 그건 꿈일 뿐이다. 그것도 이루어질 수 없는 헛된 꿈!

아이를 둔 많은 엄마들이 블로그를 통해 외국어 공부나 홈스쿨링에 대해 질문을 보내오곤 하는데, 가장 답변하기 난감한 질문이 바로 다음과 같은 것들이다.

"찬송이는 어쩜 그렇게 영어를 잘하나요? 우리 아이는 아무리 시켜도 따라오질 못해요."

"우리 아이도 찬송이처럼 외국어를 잘했으면 좋겠는데… 재능이 없는 것 같아요. 어떻게 해야 할까요?"

이런 질문을 보내오는 엄마들은 공통점을 갖고 있다. 아이에게 외국어 공부를 시킨 지 1년 남짓밖에 되지 않은 경우가 대부분이라는 것이다. 사실 찬송이는 10년이 넘도록 꾸준히 공부를 해왔기 때문에 현재의 실력을 갖게 된 것인데, 이 엄마들은 이것을 마치 하루아침에 만들어진 것처럼 여기곤 한다. 여기에서부터 불행은 시작된다.

'저 아이는 저렇게 잘하는데, 내 아이는 왜 이럴까?'

이런 생각을 하다 보면 자꾸만 비교하고 싶어지는 '비교본능'이 발휘되어 조금만 뒤처져도 불안해진다. 그래서 계속 채찍질을 하게 되고, 아이는 점차 지쳐가게 된다. 급기야는 외국어라면 치를 떨 정도로 외국어를 싫어하게 된다.

뭐든 빨리빨리 해치워야 할 것 같은 조급함에서 벗어나야 한다. 앞서 말했듯 외국어는 절대 단시간에 이루어지는 것이 아니다. 아이의 수준을 고려하지 않은 채 "넌 5학년이니까 이 정도는 해야 돼."라며 억지로 끌고 가려는 태도는 백이면 백 역효과만 일으킬 뿐이다.

다른 아이들보다 빨리 시작했다고 여유를 가져서도 안 되지만, 다른 아이들보다 늦었다고 조급해할 필요도 없다. 오래 배웠다고 해서 꼭 실력이 좋은 것만도, 늦게 시작했다고 뒤처지는 것만도 아니기 때문이다. 남들보다 좀 늦었다 하더라도 늦은 상태를 인정하고 여유롭게 가는 것이 더 낫다. 늦었으니까 급하게 진도를 빼고 하루라도 빨리 단계를 높이겠다는 생각은 진정한 영어 실력을 쌓는 데 전혀 도움이 되지 않는다.

아이가 매사에 능동적으로 자기 의사를 표현하고 인생 계획을 스스로 세울 줄 아는 아이가 되기까지 엄마가 할 일은 '아이보다 앞서 가지 않는 것'이다. 부모가 조금만 느긋하면 오히려 더 많은 것을 얻을 수 있다. 조급함을 버리고 기다려주자. 부모가 기대치를 낮추고 조급함을 버릴 때 비로소 아이는 외국어를 스스로 즐길 줄 아는 능동형 아이로 자라날 수 있다.

한 발 물러서주는 지혜도 필요하다

찬송이는 어렸을 때 한동안 'Blue'에 집착한 시기가 있었다. 아기 때부터 '블루스 클루스 Blue's Clues'라는 영어 비디오를 여러 번 보더니 'Blue'라는 단어가 굉장히 마음에 든 모양이었다. 단어 자체도 좋아했거니와 파란색 계열의 색깔도 굉장히 좋아했다.

이 사실을 처음 알게 된 것은 찬송이가 세 살 무렵, 처음 영어전문서점에 데려갔을 때였다. 워낙 책을 좋아했던 찬송이는 물 만난 고기처럼 이곳저곳을 뛰어다니며 마음에 드는 책을 고르기 시작했는데, 나중에 보니 거의 모두 'Blue'와 관련되어 있는 책들이었다. 제목, 내용, 하다못해 표지 색까지 모두 파란색과 관련이 있는 책들로 가져다 놓은 것이었다.

이런 취향은 무려 예닐곱 살까지 이어졌다. 내용과 상관없이 파란색이 들어가기만 하면 어떤 내용, 어떤 분야의 책이라도 관심의 대상이 되었다. 처음에는 한 가지에 너무 집착하는 것 같은 모습에 다소 우려스럽기도 했다. 이러다 다른 색깔, 다른 주제에는 영영 관심을 갖지 않는 것은 아닐까 걱정되고 애가 타기도 했던 게 솔직한 심정이었다. 하지만 나는 찬송이를 믿고 아이의 생각과 태도가 변화되는 날을 기다리는 쪽을 택하기로 했다. 그래서 아이가 보고 싶어하는 것을 마음껏 보게 내버려두었다.

그러자 생각 외로 굉장히 좋은 효과가 나타났다. 찬송이의 말에 따르면, 책에 'Blue'가 들어갔다는 자체만으로 굉장히 기분이 좋아질뿐더러 새로운 책을 읽고 싶은 욕구도 더 많이 생기는 것 같다고 했다. 아이의 관심사를 막지 않고 내버려둔 것이 결과적으로 아이에게 호기심의 범위를 넓혀주는 기회가 된 셈이었다.

이처럼 찬송이의 교육에 있어서 늘 나는 한 발 뒤로 물러나 주고 대신 아이가 한 발 앞서 갈 수 있게 해주었다. 좋아하는 것을 실컷 하게 해주고 아이 스스로 주도적인 입장이 되게끔 하였다. 그것이 외국어든 다른 과목이든 마찬가지였다.

지혜로운 엄마라면 아이보다 더 많이 알고 있더라도 뒤로 빠져줄 줄 알아야 한다. 엄마가 아이보다 앞서서 이끌고 가려 하면 오히려 아이의 의욕을 떨어뜨릴 수 있기 때문이다. 아이가 좋아하는 것을 막고 별로 좋아하지 않는 것을 시키며 엄마의 기준에만 맞추려 하다 보면 아이는 결코 능동적으로 어학을 즐기지 못하게 된다. 엄마로부터 "너 아직도 이거 못 외웠단 말이야? 내가 몇 번이나 가르쳤는데!"라는 꾸지람을 듣게 될까 봐 아이의 마음은 작아져만 갈 것이다. 자신감도 떨어지고 영어에 흥미도 잃어갈 것이다.

스스로 하고 싶게 만들어라

 언어가 아닌 놀이로 접근하게 하라

아이에게 홈스쿨링으로 다양한 언어를 접하게 해준다는 것은 어찌 보면 쉬운 일이 아닐 수도 있다. 엄마가 그 언어를 능숙하게 잘하지 않는 한 직접 가르치는 것에는 한계가 있기 때문이다. 그러나 그 과정에서 강제적인 교육의 의미가 강조된다면 아이들은 오히려 그 언어에 대한 흥미를 잃어버리게 된다.

내가 가장 조심했던 것도 이런 부분이었다. 언어 자극으로 인해 흥미를 갖게 하는 것이 중요하지, 지금 당장 완벽한 학습을 시키는 것은 가능하지도 않을뿐더러 큰 의미가 없다고 판단했다. 아이가 한 번 흥미를 잃게 되면 앞으로 영영 그 언어를 싫어하게 될 뿐 아니라 나아가 외국어를 공부한다는 것 자체를 부담스럽게 느낄 수도 있다고 생각했기 때문이었다.

<u>어떤 언어를 시작할 때에는 뭔가를 가르쳐주겠다는 생각보다는, 그 언어로 재미있게 놀아주겠다는 개념으로 다가가도록 하자.</u> 아이에게 학습의 의미를 심어주는 대신 엄마와 늘 하던 놀이를 다른 언어로 접근하게끔 해주는 것이다. 그러면 같은 놀이를 하더라도 아이는 색다른 분위기를 느끼고 새로운 호기심을 발동시키게 된다. 색다른 언어 환경 속에서 놀이를 즐겼다는 것만으로도 일단 첫발은 떼었다고 볼 수 있는 셈이다.

외국어는 다른 어떤 분야보다 아이가 즐길 수 있어야 발전도 있는 분야다. 왜 이 언어를 배우고 싶은지, 배운 뒤에는 어떻게 할 것인지는 전적으로 아이가 선택하고 발전시킬 수 있게끔 도와주도록 하자.

> **TIP**
>
> **자주 보던 DVD를 다른 언어로도 보여주세요**
>
> 아이가 즐겨 보는 DVD가 있다면, 이를 다른 언어로 바꿔서 틀어주는 것도 좋다. 아이들은 자기가 잘 아는 내용의 영상물을 다른 언어로 들었을 때 큰 관심을 보이게 마련이다. 요즘 나오는 DVD는 기본적으로 영어, 중국어, 일본어, 스페인어 등 다양한 버전의 언어로 바꿀 수 있게끔 만들어진 경우가 많으므로 이를 잘 활용한다면 아이의 호기심을 자극하는 데 도움이 된다.

호기심을 유발할 만한 '물밑작업'은 필수!

아이에게 새로운 언어를 배우게 하고 싶을 때 엄마가 가장 먼저 해야 할 일은 무엇일까? 책을 사주는 것? 교재를 마련하는 것? 선생님을 찾는 것? 모두 틀렸다. 뭔가 새로운 것을 배우게 하려면 제일 먼저 동기부여를 해주어야 한다. 다른 공부도 마찬가지겠지만 특히 외국어의 경우 언제 무엇을 시키느냐보다는 아이 스스로 얼마만큼 흥미와 관심을 갖느냐가 참 중요하기 때문이다.

하지만 동기부여란 엄밀히 말하면 아이가 스스로 가져야 하는 부분이라 부모가 마음대로 좌지우지할 수 없다. 그러므로 약간의 사전 작업을 해둬야 한다. 아이로 하여금 동기부여가 될 수 있도록 살짝 밀어만 주는 것이다. 이것을 나는 호기심 유발을 위한 '물밑작업'이라고 부른다.

방법은 아주 간단하다. 아이의 시선을 사로잡을 만한 책을 미리 사서 책꽂이에 꽂아놓는다든지, 그 언어와 관련된 노래를 틀어준다든지 하는 것이다. 내 경우 찬송이가 걷기 시작했을 무렵부터 방과 거실, 화장실 등 집안의 모든 공간을 서재처럼 꾸몄다. 아이가 주변을 돌아보면 언제 어디서든 책을 찾아 읽을 수 있는 환경을 만들어둔 것이다. 덕분에 찬송이는 책도 무척 좋아하고, 다양한 분야에 두루 흥미를 지닌 아이로 자라났다. 또한 학창시절 합창단에 몸담으며 배웠던 이탈리아 가곡들을 자장가 대신 불러주었더니, 자라면서 이탈리아어에도 호기심을 갖게 되었다. 이탈리아어는 계속 시기를 타진하다 올 초부터 배우기 시작했는데, 아이가 워낙 좋아하다 보니 배움의 속도가 무서울 정도로 빠른 상황이다.

이러한 노력은 찬송이가 열네 살이 된 지금까지도 계속되고 있다. 찬송이는 아직 독일어나 러시아어를 배운 적이 없지만 책장에는 독일어와 관련된 책과 CD들, 러시아어 기초를 다루는 책들이 꽂혀 있다. 지금 당장 그 언어들을 배우지는 않더라도 알게 모르게 관심이 싹틀 것이라 기대하고 있다.

만약 아이에게 어떤 언어를 배우게 하고 싶다면, 철저한 물밑작업을 통해 아이의 마음을 사로잡아야 한다. 아이의 욕구와 의욕은 부모의 강요로 만들 수 있는 부분이 아니지만, 아이로 하여금 배우고 싶은 욕구가 들도록 살짝 부채질을 해주는 것은 충분히 가능하다. 물론 이 과정에서도 강요는 절대 금물! 어떤 상황에서도 최종 선택은 아이의 몫이 되어야 하며, 우리의 몫은 스스로 하고 싶어하는 마음이 들 수 있도록 환경을 만들어주는 것까지라는 점을 기억하자.

무슨 일이 있어도 집중시간은 끊지 마라

집중시간을 끊으면 상상력도 끊어진다

학계 이론에 의하면 유아의 주의 집중 시간은 만 2세는 5분, 만 3~4세는 10분, 만 5세 이상은 15~30분 정도라고 한다. 하지만 이는 이론일 뿐이고, 아이에 따라 더 짧을 수도 있고 더 길 수도 있다. 이는 아이의 집중 가능 시간을 얼마만큼 빨리 발견하고 계발해주는지에 달려 있다. 여기에서 제일 중요한 것은 엄마의 인내와 세심한 관찰이다.

찬송이는 어릴 때부터 유난히 집중력이 높았다. 돌 이후로 2~3시간 정도는 자리에서 움직이지 않았고, 두 돌이 되기 전인 2001년 1월경에는 한자리에서 하루 5~7시간씩 집중할 정도였다. 처음에는 염려가 되기도 했지만 아이가 소화할 수 있는 능력이 있는데 굳이 제한할 필요는 없을 것 같다는 생각이 들었다. 그래서 전적으로 찬송이가 좋아하는 것, 찬송이가 소화할 수 있는 것을 따라주기로 했고 그 생각은 지금까지도 변함이 없다.

찬송이의 집중시간을 끊지 않고 내버려둔 데는 나름의 이유가 있다. 비록 아직 어린아이일지라도 영어 비디오에 몰입하는 시간 동안은 자기만의 생각과 나름대로 상상하고 싶은 것들이 있을 거라고 생각했기 때문이었다. 자기만의 세계에 흠뻑 취해 있는 아이에게 "이제 자야 할 시간이야."라든지, "그만 보고 이제 책 읽자."라고 말해 방해하고 싶지는 않았다.

물론 아이마다 성향이 다르겠지만, 찬송이의 경우는 자기만의 상상 속에서 충분히 놀게 내버려두는 편이 맞았다. 오래 관찰한 결과 찬송이는 뭔가 한 가지에 꽂히면 그것을 충분히 즐기고 나서야 다른 곳으로 시선을 옮긴다는 것을 발견했기 때문이었다.

학자들이나 전문가들은 어린아이에게 비디오를 일정 시간 이상 보여주는 것은 위험하다는 이야기들을 한다. 나 역시 그런 이야기들을 여러 책이나 매체에서 접한 바 있다. 하지만 내 생각은 조금 다르다. 아이마다 성격과 성향이 다른데 일반적인 이론을 모든 아이에게 적용할 필요가 있을까? 남들의 의견을 그대로 따르느라 내 아이의 특성을 무시하는 것은 옳지 않다고 생각한다. 일반적으로 권장하는 이론을 참고는 하되, 그것들을 내 아이에 맞게 지혜롭게 적용시키는 것이 옳다고 본다.

또한 장시간의 비디오 시청이 바람직하지 않은 경우란 엄마가 오랜 시간 자리를 비우고 아이 혼자 비디오를 보게 하는 것을 일컫는데, 내 경우는 달랐다. 나는 무슨 일이 있어도 비디오 앞에 아이 혼자 방치해두지 않는다는 원칙을 반드시 지켰다. 아이 옆에서 함께 비디오를 시청하며 아이가 반응을 보이면 그때그때 칭찬도 해주고 리액션도 해주었다. 그러다 보니 아이도 더 많이 흥미를 느꼈던 것 같다.

아이가 흥미를 잃지 않고 집중한다면 굳이 억지로 끊을 필요는 없다. 중요한 것은 내 아이에게 맞는 학습법을 찾아 적용시키는 것이지, 일반적인 학계 이론에 휘둘려 아이의 학습을 방해하는 것이 아니니까 말이다.

 아이가 관심을 끊으면 곧바로 그만두어라

집중력이 남다른 찬송이도 자기가 관심 없는 것에 대해서는 금방 눈을 돌렸다. 영어 비디오를 볼 때도 마찬가지였는데, 유심히 관찰해 본 결과 한 살 때부터 네 살 때까지는 비디오 속에 실제 사람이 한 명이라도 등장하면 집중하고 흥미를 가졌다. 애니메이션이라도 사람이 실사로 나오고 배경만 애니메이션인 경우 집중하며 보았지만, 그냥 그림만 나오면 재미없어했다. 정확한 이유는 알 수 없지만 사람이 나와야 안정감을 느끼고 공감대를 형성할 수 있어서 그러지 않았나 싶다. 어쨌든 이 사실을 알고 나서부터는 비디오를 고를 때 사람이 나오는지 여부를 반드시 체크하곤 했다.

나는 아이가 집중하지 않거나 시선을 다른 데로 돌린다는 이유로 아이를 혼내본 적이 없다. 다른 놀이를 하고 있는 아이를 쫓아다니면서 억지로 책을 읽어주거나 비디오를 틀어준 적도 없다. 그 대신 아이를 유심히 지켜보고 있다가 아이가 눈동자를 다른 데로 돌리는 등 집중하지 않는 모습을 보이면 곧바로 하던 것을 중지하였다. 그리고 아이가 흥미를 갖고 집중을 하면 그 시간이 얼마가 되었건 집중 시간을 절대 끊지 않았다. 책도 보고 싶어할 때까지 읽게 하였고, 비디오도 보고 싶은 만큼 보게 하였다. 또한 아이가 무엇에 관심 있어 하는지 체크해두었다가 그와 관련된 책과 비디오를 접하게 해주려고 노력했다. 많이 보고, 듣고, 읽은 만큼 아이의 외국어 실력도 자랐다. 아이가 집중할 때 방해하지 않고 끊지 않은 결과였다.

아이가 무언가를 할 때 시선이 다른 곳으로 간다면 관심이 없다는 뜻이다. 엄마는 이를 받아들이고 중지하거나 다른 것으로 바꾸어줄 수 있는 결단력을 가져야 한다. 책값이 아깝다고, 사 놓은 비디오인데 한 번이라도 봐야 한다고 아이에게 강요했다가는 역효과만 날 뿐이다. 아이마다 성격이 다 다르듯이 관심사도 다르므로 보편타당한 것이라 하더라도 내 아이에게는 맞지 않을 수 있음을 인정해야 한다. 즉, 아이가 싫어하는 것은 과감히 잘라버리는 지혜가 필요하다.

그런 다음 아이가 좋아할 수 있는 환경으로 유도하는 현명함이 요구된다. 비디오에 나오는 주제와 내용을 파악하여 그에 관련된 그림 그리기나 만들기 놀이를 통해 조금씩 관심을 갖도록 시도해본다든지, 내용과 관련된 영어 동요를 틀어주어 친숙하게 느끼게 해주는 등 다양한 방법을 동원하여 아이가 비디오에 관심을 가질 수 있도록 만들어줘야 한다. 예를 들어 물고기에 관심이 있는 아이라면 물고기가 나오는 영어 그림책을 보여준다든지, 물고기와 어항을 사주어 물고기를 관찰하게 한 뒤 물고기가 나오는 비디오를 보여주면 도움이 될 것이다.

'이 비디오와 이 책은 이 시기에 꼭 보여 주어야 한다는데…'

'다른 집 아이들은 이거 다 한다던데…'

엄마 마음에 흔히들 낼 법한 욕심인 것을 안다. 나도 십분 이해한다. 하지만 이런 생각에 매인 나머지 아이가 무관심하거나 내키지 않아 함에도 불구하고 무리하게 적용해서는 안 된다. 아이 스스로 집중하는 시간을 최대한 활용하되, 일단 흥미를 잃으면 바로 접겠다는 결단이 필요하다. 앞으로 나아가기 위해 한 발짝 물러난다고 생각하면 조금은 편해질 수 있을 것이다. "이거 지금 꼭 배워야 돼. 다른 애들도 다 하는데, 너도 안 하면 안 돼."와 같은 일방적인 엄마의 지시와 강요는 아이에게 마음의 상처를 줄 수 있고 심하면 영어 비디오 시청을 거부하는 결과를 낳을 수도 있음을 명심해야 한다.

귀를 뚫어야
입과 눈이 트인다

다양한 소리 흘려듣기로 청각을 사로잡아라

　찬송이를 키우면서 가장 많이 노력했던 부분은 다름 아닌 풍부한 듣기 환경 조성이었다. 나는 교육 전공자도, 전문가도 아니었지만 아기의 뇌를 자극하는 데 가장 커다란 효과를 내는 것이 청각 자극이라는 것을 어디선가 들어 알고 있었던 터였다. 그래서 가능한 한 다양한 음악과 소리를 많이 들려주어 두뇌활동에 도움을 주고 싶었다. 그래서 동요나 〈모차르트 이펙트 Mozart Effect〉 같은 클래식 CD를 자주 들려주곤 했다.

그러다가 첫돌 무렵인 2000년부터 '블루스 클루스'를 시작으로 영어 시청각을 접해주기 시작하였고, 영어 비디오 외에도 CD를 자주 틀어 자연스럽게 영어 듣기 환경을 조성하였다. 아이가 깨어서 놀고 있을 때는 항상 영어 소리가 들릴 수 있는 환경을 만들어주고자 한 것이다. 외국어교육에 대한 전문적인 지식이 있었던 것은 아니지만, 외국어를 잘 구사할 수 있는 환경을 만들기 위해서는 일단 많이 들려주는 게 중요할 것 같았기 때문이었다.

당시 자주 들려주었던 것은 'Sing Sing Together' 같은 영어 노래나 영어 동요가 수록된 CD였다. 아이가 집중해서 듣길 바라고 틀어놓았다기보다는 그냥 흘려들을 수 있도록 배경음악처럼 틀어두었다는 표현이 더 정확할 것이다. 들으라고 강요하지 않고 음악을 듣듯 자연스럽게 듣게 내버려두었다. 이런 식으로 영어 노래와 영어 동요를 자주 듣게 하니 네 살 무렵에는 100곡도 넘는 노래들을 줄줄 외울 정도가 되었다.

찬송이가 태어난 이후, 우리 집은 배경음악처럼 틀어두었던 CD며 언제든 볼 수 있게 틀어둔 영어 비디오가 만들어내는 소리로 하루도 조용할 날이 없었다. 이때부터 꾸준히 영어 환경에 노출된 덕분에 찬송이가 지금의 영어 실력을 갖게 될 수 있었던 것 같다.

아이들이 모국어를 하기 시작할 때를 떠올려 보면, 부모를 비롯한 주변 환경을 통해 하루 종일 모국어에 노출되어 있지 않은가? 엄마와 아빠의 입을 통해 수백, 수천 번 들은 단어를 기억했다가 입으로 뱉어내는 게 결국 '말'인 셈이다. 엄마인 내가 영어를 잘하지 못하니, 아쉬운 대로 아이에게 다른 소리로나마 영어를 자주 듣도록 해준 것이었다. 이렇게 해주다 보니 결과적으로는 한국어를 들은 시간보다 영어에 노출된 시간이 더 많았다.

<u>찬송이는 지금 영어를 한국어만큼이나 편안하게 구사한다. 모국어 환경처럼 조성해주면 외국어 실력이 늘 거라는 예상이 적중한 것이다.</u> 모국어만큼이나 영어에도 많이 노출된 덕분에 지금 찬송이에게는 영어가 전혀 낯설지 않다.

이처럼 듣기 환경만 잘 조성해 주어도 외국어의 첫 물꼬를 터줄 수 있음은 물론, 영어로 생각하고 말하고 읽고 쓸 수 있는 토대를 마련할 수 있게 된다. 생각하고 말하고 읽고 쓰는 모든 것은 결국 듣기에서 출발하는 것들이기 때문이다.

이야기책은 듣기자료가 포함된 것으로 골라라

찬송이가 외국어 공부를 처음 시작했던 2000년대 초반은 어린아이가 외국어 공부를 하기에 열악하기 그지없는 환경이었다. 자료를 구할 만한 곳도 없었고 해외배송도 흔하지 않은 일이었다. 하지만 지금은 어떤가? 어지간한 자료들은 국내에 들어와 있는 데다, 없는 자료는 해외 사이트 등에서 주문해 받을 수 있다. 자료가 없어서 공부를 못 시켰던 그 시절과는 차원이 다르다는 이야기다.

하지만 그때나 지금이나 공통적으로 통하는 방법이 있다. 바로 이야기책을 고를 때 가능한 한 듣기자료가 포함된 것을 골라야 한다는 것이다. 보통 책에 포함되어 있는 듣기자료는 CD의 형태를 띠고 있는데, 아이들이 보는 이야기책의 경우 CD에 책 내용이 담겨 있는 것이 대부분이다.

이야기책 CD를 활용하는 방법에는 여러 가지가 있지만, 내가 가장 많이 사용했던 방법 두 가지를 소개하고자 한다. 첫 번째 방법은 엄마가 먼저 이야기책을 읽어주고, 아이가 놀이를 하거나 다른 일을 할 때에 이야기책 CD를 틀어주는 것이다. 익숙한 엄마의 목소리로 한번 듣고 익힌 다음 원어민의 음성이 녹음된 CD를 들으면 아이가 보다 쉽게 이해하고 정확한 발음을 잡아갈 수 있을 것이라 생각했기 때문이었다.

두 번째 방법은 이야기책 CD를 먼저 들려주고 난 뒤에 책을 보여주는 것이다. 이건 주로 영어 외의 다른 언어에서 사용했다. 잘하는 편은 아니었지만 기초 정도는 읽어줄 수 있었던 영어와는 달리, 중국어나 프랑스어 같은 외국어는 내가 읽어줄 수 없는 경우가 많았다. 그래서 먼저 원어민의 음성으로 내용을 듣게 하여 관심을 갖도록 한 다음, 아이가 관심을 보였을 때 "어머, 이건 뭘까?" 하면서 책을 보여주어 관심이 지속되게끔 유도하였다.

CD를 들려줄 때는 억지로 듣게 하기보다는 아이가 놀고 있을 때 틀어주는 것이 좋다. 아이가 관심을 갖든 안 갖든 상관하지 말고 그냥 흘려듣기로 듣게 하는 것이다. 요즘에는 영어는 물론이고 일본어, 중국어, 스페인어, 프랑스어 등 다양한 외국어의 듣기자료가 포함된 이야기책을 구할 수 있으니 입맛에 맞는 외국어로 골라 구입하면 되겠다.

외국어 공부에도 순서가 있다

 둘 이상의 외국어는 시차를 두고 배우게 하라

찬송이가 7개 국어를, 그것도 홈스쿨링으로 배웠다고 하면, 여러 언어들을 동시에 공부하느라 아이가 고생했을 거라고 오해하시는 분들이 적지 않다. 아마도 하루 종일 책상 앞에 앉아 여러 외국어를 동시에 공부하는 모습을 상상했기 때문일 것이다.

하지만 찬송이의 경우에는 한꺼번에 많은 언어들을 공부했다기보다는, 그저 씨앗을 뿌려두는 정도로 스타트만 끊었던 것이라고 하는 편이 옳다. 실제로 모든 외국어를 한꺼번에 공부한 것이 아니라 각 언어를 시작하고 진행한 시기와 방법이 저마다 달랐기 때문이다. 한꺼번에 여러 언어를 접하게 되면 자칫 이도 저도 아니게 될 것을 우려해서였다.

새로운 외국어를 배우고자 할 때, 하나의 외국어가 익숙해지기도 전에 다른 외국어를 시작한다면 어느 하나도 올곧게 자리하지 못한 채 혼동을 불러일으킬 수 있다. 하지만 하나의 외국어가 익숙해진 후에 다른 외국어를 시작한다면, 익숙해진 외국어는 또 다른 외국어를 습득하는 데 좋은 밑거름이 될 수 있다.

찬송이의 경우 영어가 그랬다. 영어는 찬송이로 하여금 다른 외국어를 공부할 수 있는 좋은 밑거름이 되어 주었다. 워낙 영어에 익숙했던 아이였기에 영어와 비슷한 어순을 가진 중국어도 무리 없이 배워나갈 수 있었다. 모국어인 한국어와 비슷한 어순을 가진 일본어도 같은 맥락이었다. 그 다음으로 배운 언어는 프랑스어였는데, 영어의 80%가 프랑스어로부터 왔다는 설이 있을 정도로 영어와 프랑스어는 깊은 관계가 있는 언어들이다. 찬송이는 영어 덕분에 프랑스어도 수월하게 배운 셈이다. 그리고 프랑스어가 밑거름이 되어준 덕분에 그 이후 배운 스페인어와 이탈리아어 역시 한결 수월했다. 찬송이 말을 빌자면 같은 유럽권 언어끼리는 비슷한 점이 많다고 한다.

요즘 엄마들은 영어 하나로는 경쟁력이 없다고 생각하기 때문에 다양한 외국어를 심어주고 싶어한다. 더욱 빨리, 더 많이 가르치고 싶어 안달을 내곤 한다. 하지만 급히 먹는 밥이 체하는 법! 다른 일도 아닌 아이 교육에 있어서만큼은 조금 더 느긋해질 필요가 있다. 특히 외국어의 경우에는 더욱 그렇다. 몰아치듯 배울 수 있는 게 외국어라면, 왜들 그렇게 영어공부에 목을 매겠는가? 한 나라의 언어를 배운다는 것은 충분한 시간을 필요로 하는 일이다. 그러니 충분히 이해하고 받아들일 수 있도록 언어와 언어 사이에 시차를 두고 접근하도록 하는 것이 좋다. 그래야만 지치지 않고 즐겁게 공부를 계속해나갈 수 있기 때문이다.

 ## 어떤 언어든 '쓰기'는 가장 나중에 시켜라

어렸을 때부터 단련된 듣기와 말하기 훈련으로 인해 원어민들과도 거침없이 소통할 수 있게 된 찬송이지만, 그런 찬송이에게도 약점은 있다. 쓰기와 문법에 상당히 약하다는 점이다. 오랜 시간은 아니었지만 찬송이에게 과외를 해주셨던 선생님들이나 국제학교 시절 찬송이를 지도해주셨던 담당 선생님의 말씀을 빌자면, 비슷한 수준의 다른 아이들은 쓰기와 문법이 강한 데 반해 찬송이는 듣기와 말하기가 강하다고 했다.

이런 평가를 들었을 때 정말 뛸 듯이 기뻤다. 자식이 부족하다는 말을 듣고 뭐가 기쁘냐고? 문법과 쓰기 위주의 외국어에서 벗어나

실질적인 외국어를 구사하게 만들겠다는 내 전략이 정확히 통했으니까! 만약 찬송이가 여타 아이들처럼 공부나 학습 개념으로 외국어를 익혔다면 그 순서는 읽기→쓰기→듣기→말하기의 순이었을 것이다. 하지만 찬송이는 놀이 개념으로 접근했기 때문에 듣기와 말하기를 가장 우선시했다. 이건 사실 내 의견이 가장 많이 반영된 것이다. 어느 언어를 배우더라도 듣기와 말하기가 잘 되어야 성공적인 외국어 공부라고 생각했기 때문이다.

거듭 말하지만, 모국어를 배울 때를 떠올려보면 답은 쉽게 얻어진다. 아이는 부모를 비롯한 주변 사람들이 말하는 것을 듣고 또 듣기를 반복한다. 그러다가 어느 순간 입이 트인다. 그리고 나서도 한참 뒤에서야 읽기와 쓰기를 차례로 배우게 된다. 모국어가 이럴진대, 다른 외국어라고 해서 쓰기와 문법부터 공부할 이유가 있을까?

찬송이의 외국어 공부는 흥미에 가장 중점을 두고 있었고, 배움의 과정은 곧 호기심을 충족시키는 과정이나 마찬가지였다. 쓰기를 가장 늦게 했던 이유도 초반에 흥미를 잃을까 염려해서였다. 아이가 쓰기를 아주 좋아한다면 굳이 막을 필요는 없지만 장기적인 안목으로 볼 때는 쓰기를 일찍부터 강요하는 것은 그다지 좋은 방법이 아니다. 쓰기 훈련을 강조하면 당장 눈앞에 보이는 성과는 이룰 수 있을지 모르지만 아이는 흥미를 잃고 지칠 수 있다. 흥미를 잃은 채 하는 공부는 이미 실패한 교육이나 마찬가지다.

세계를 다니면서 현지인들과 소통하기 위해서는 듣기와 말하기가 우선시되어야 할 것이다. 그 다음에 읽기와 쓰기 실력이 더해진다면 금상첨화가 될 것이고 말이다. 이제는 찬송이도 중학생 나이가 되었으므로 어휘 습득과 확장에 중점을 두고 쓰기 부분을 점차 강화시켜 주어야겠다는 생각을 하고 있다.

다양한 체험으로 외국어와 친해져라

 영어전문서점과 도서관을 내 집처럼 드나들게 하라

좋아하는 책들이 잔뜩 있는 서점은 찬송이에게 보물창고나 마찬가지다. 지금이야 워낙 책을 좋아해 자주 서점에 가자고 조르지만, 찬송이가 어렸을 때는 책과 가깝게 지내는 아이로 자라길 바라는 마음에서 일부러 데리고 다니기도 했다.

찬송이가 처음 서점에 갔던 건 세 살 때인 2001년 7월이었다. 당시 방문했던 곳은 '킴 앤 존슨 Kim & Johnson'이라는 영어전문서점이었는데, 형형색색의 영어 그림책과 비디오가 가득 쌓여있는 공간에 들어서자마자 아이는 눈이 휘둥그레진 채로 이곳저곳을 돌아다녔다. 이 책 저 책 만져보고 책장을 넘겨보며 서점을 몇 바퀴나 돌았는지 모른다. 그날 골라온 책은 자기가 고른 책이라 그런지 잘 때도 끌어안고 자는 등 각별한 애정을 보였다. 그 후로도 자주 영어전문서점에 데려가 책 구경도 시켜주고 좋아하는 책도 사주었다.

영어전문서점에 데리고 갔던 이유는 찬송이가 원하는 책을 사주기 위해서이기도 했지만, 외국인을 만나게 해줄 기회를 얻기 위함이기도 했다. 영어전문서점에 자주 드나들면 외국어 학원이나 어학연수를 보내지 않고서도 얼마든지 외국인과 대화할 기회를 가질 수 있을 거라고 생각했기 때문이었다.

실제로 찬송이가 난생 처음 외국인을 가깝게 접해본 것도 영어전문서점에서였다. 네 살 되던 해인 2002년 2월에 찬송이와 함께 '잉글리시 플러스 English Plus'라는 영어전문서점을 찾았는데, 덩치가 큰 흑인 남성이 우리 쪽으로 다가왔다. 좀처럼 책에서 눈을 떼지 못하는 찬송이의 모습이 신기했던 모양이었다.

난생 처음 만나는 외국인이라 낯을 가릴 법도 한데, 찬송이는 "What's your name?", "How old are you?" 같은 질문에도 당황하는 기색 없이 곧잘 영어로 대답을 하는 것이 아닌가? 외국인과 직접 만난 것도, 대화를 해본 것도 처음이었지만 시청각 자료로 외국인들을 접해서 그런지 그리 낯설어하지는 않았다. 이후에도 비슷한 상황들이 종종 있었는데, 그때마다 찬송이는 기특할 정도로 대답을 잘해서 외국인들로 하여금 놀라움을 자아내곤 했다.

집 근처 도서관에도 자주 데리고 갔다. 찬송이가 책 속에 푹 빠지게끔 해주고 싶은 마음도 있었고, 절판되어 구하기 어려운 자료들도 도서관에 가면 얼마든지 만나볼 수 있기 때문이었다. 사실 경제적인 문제 때문이기도 했다. 형편이 어려울 때는 정말 매끼 밥 먹는 것을 걱정해야 될 정도여서, 찬송이가 보고 싶어하는 책을 사준다는 것이 사치처럼 느껴지는 순간도 있었다. 그래서 도서관에 자주 데려가 집에서 보지 못한 책과 영어 잡지, 영어 DVD 등을 실컷 보며 잠시나마 목마름을 해소할 수 있게 해주었다.

외국어를 사용할 수 있고 느낄 수 있는 환경을 꼭 외국에서만 찾아야 한다는 편견을 버리자. 물론 외국에 나가서 직접 느껴보는 것만큼 좋기야 하겠냐만은, 요즘 같은 불경기에 그게 어디 말처럼 쉬운가! 그렇다고 좌절할 필요 없다. 가까운 영어전문서점이나 대형 서점의 외국어서적 코너를 찾아가보자. 책을 구입하러 온 외국인들과 인사도 나누게 해 보고, 아이와 함께 책도 골라 보는 것이다. 그것도 여의치 않다면 가까운 도서관에라도 가보자. 기존에 접할 수 없었던 다양한 자료들을 통해 아이가 외국어에 한 걸음 더 다가갈 수 있는 계기가 될 것이다.

국내 체험학습을 적극 활용하라

앞서 언급한 것 외에도 외국인과 만날 수 있는 방법이 있다. 바로 영어체험마을을 방문하는 것이다. 영어체험마을이란 영어권 국가의 이국적인 마을 분위기를 고스란히 옮겨 놓은 곳으로, 놀이와 체험, 교육을 접목시킨 일종의 체험시설이다. 해외에 나가지 않으면서도 다양한 영어권 문화를 체험하고 습득할 수 있어 나와 찬송이가 무척 좋아하고 자주 찾는 장소다.

영어체험마을 안에는 우체국, 학교, 상점, 경찰서 등 흔히 볼 수 있는 곳들이 있는데, 장소마다 원어민 선생님이 배치되어 있어 아이들이 각 곳을 돌아다니며 원어민과 함께 상황에 맞는 영어를 연습해 볼 수 있다.

찬송이는 회화 연습이 필요하다고 생각되거나 그동안 연습해 온 기량을 뽐내고 싶을 때면 어김없이 영어체험마을을 찾는다. 외국인과 원 없이 대화를 나누며 그간의 목마름을 해소하곤 한다. 영어체험마을을 잘만 활용하면 외국에 나가지 않더라도 얼마든지 아이에게 외국어를 심어줄 수 있다.

영어체험마을 외에도 외국어를 느껴볼 수 있는 체험학습은 다양하다. 찬송이처럼 음악을 좋아하는 아이라면 어린이를 대상으로 한 영어 뮤지컬을 보여주는 것도 좋다. 찬송이가 특히 좋아했던 뮤지컬은 〈마술피리〉, 〈캣츠Cats〉, 〈까이유Caillou〉 등이었는데, 내용도 무척 재미있어했지만 늘상 접하던 모국어가 아닌 영어로 되어 있다는 점에서 더욱 흥미를 보였다. 아바ABBA의 노래로 구성된 뮤지컬 〈맘마미아Mamma Mia〉도 다시 보고 싶다고 여러 날을 졸랐을 정도로 재미있어했다.

국내에서 할 수 있는 한 많은 체험학습을 하도록 해주자. 다양한 활동들로 동기부여만 제대로 된다면, 아이들은 예상했던 것보다 훨씬 더 많은 것을 습득할 수 있다. 외국어는 물론 그 외의 분야에서도 마찬가지다. 엄마가 조금만 더 부지런해진다면 아이들 방학이나 학기 중의 짬나는 시간을 잘 활용해 얼마든지 좋은 환경을 조성해줄 수 있다.

나는 영어 못지않게 음악을 사랑하는 찬송이에게 〈까이유〉, 〈캐츠〉, 〈맘마 미아〉 등의 영어 뮤지컬을 자주 접하게 해주었다. 이러한 다양한 공연 관람을 통해 찬송이는 영어를 더욱 열심히 공부해야겠다는 생각을 하게 되었다고 한다.

배우고 싶은 언어의 나라로 여행을 떠나라

언어 습득에 있어 가장 중요한 것은 끊임없이 언어 자극을 주고 외국어 환경에 노출시켜주는 것이 아닐까? 그러기 위해 가장 좋은 것은 바로 배우고 싶은 언어를 사용하는 나라로 여행을 가는 것이다.

여건만 허락한다면, 여행을 통해 그 언어를 미리 체험해보게 해주자. 이탈리아어와 독일어를 당장 가르쳐주지 않아도 언어의 음소를 익히고 자연스럽게 습득할 수 있도록 하여 각각의 언어를 즐겁게 받아들일 수 있는 환경을 미리 만들어두는 것이다. 언어를 가르친다기보다는 언어의 씨앗을 뿌려둔다는 표현이 정확하겠다.

찬송이가 아기 때부터 즐겨온 영어를 실제 영어 환경에서 활용해 볼 수 있었던 첫 계기는 여섯 살 때의 호주 여행이었다. 아직 어린 나이였지만 찬송이는 그 나라의 언어 환경과 문화를 곧잘 받아들이고 즐기기까지 했다. 장기간의 어학연수가 아닌 단지 며칠에 불과한 경험이었지만, 이때의 경험은 아이의 영어를 한 걸음 더 발전하게 하는 계기가 되었다.

또한 일곱 살 때 11일간 떠났던 유럽여행을 통해서 찬송이는 영어 외의 다양한 외국어를 배우고 싶다는 배움에의 욕구를 얻었다. 실제로 지금 열심히 공부하고 있는 프랑스어, 이탈리아어에 대한 흥미와 관심도 그때 얻은 것이다.

외국 여행은 학습 의욕을 불타오르게 하는 계기가 되기도 한다. 스토리온 〈수퍼맘 다이어리〉의 촬영차 떠났던 중국 여행에서 있었던 일인데, 칭다오의 명소인 오사광장을 둘러보고 있던 중 우연히 현지인과 찬송이가 이야기를 나눌 기회가 생겼다. 중국어를 곧잘 하는 찬송이가 신기했는지, 현지인은 계속해서 찬송이에게 질문을 던졌다. 그런데 꾸준히 학습을 이어가지 못한 탓이었을까? 급하게 대답한다는 게 그만 중국어가 아닌 일본어로 말하는 실수를 하고 말았다.

방송에서는 하나의 에피소드로 재미있게 편집되었지만, 찬송이로서는 속상한 순간이 아닐 수 없었다. 할 말은 머릿속에 맴도는데 입으로는 마음대로 나와주질 않으니 그 속이 오죽했을까! 여하튼 아이는 이 일을 계기로 중국어에 대한 커다란 자극을 받았다. 자기 스스로 모자람을 느낀 모양이었다. 여행이 학습 의욕을 불태워준 계기가 된 셈이었다.

간혹 아이를 데리고 체험 여행을 다녀오는 것에 대해 이렇게 우려를 표하는 분도 보았다.

"어릴 때 해외로 여행가는 게 의미가 있나요? 크면 기억도 못 할 것 같은데요."

하지만 찬송이는 지금까지도 그때의 추억들을 이야기하며 무척이나 다시 가보고 싶어한다. 언젠가 그곳에 다시 간다면 현지인과 자신 있게 대화하며 문화도 좀 더 적극적으로 즐기고 싶다는 야심찬 포부도 갖게 되었다. 그렇기에 그때 경제적으로 넉넉하지는 않았지만 짧게나마 외국어 체험을 할 수 있는 기회를 만들어주었던 결정을 지금도 후회하지 않는다. 미리 뿌려 둔 언어의 씨앗은 방치해두지 않는 한 싹을 틔운다는 것을 알기 때문이다.

다개국어, 일단 씨앗부터 뿌려라

일본어, 애니메이션으로 호기심을 자극하다

앞서 이야기한 대로 찬송이의 일본어는 애니메이션 시청으로부터 시작되었다. 그때 찬송이의 나이는 네 살이었는데, 인터넷으로 처음 접한 일본 애니메이션에 푹 빠진 나머지 시리즈물을 연달아 보게 된 것이 찬송이의 일본어 욕구에 불을 지피는 계기가 되었다.

찬송이가 본 애니메이션의 대부분은 우리나라에도 더빙판이 방영되고 있어 이미 많은 아이들이 즐겨 보고 있는 것들이었다. 하지만 찬송이는 더빙판 대신 일본어 원어가 그대로 나오고 밑에 한글자막이 나오는 동영상을 찾아보곤 했다. 일본어를 귀로 듣고, 그 뜻을 자막으로 확인하는 과정을 반복하면서 자연스럽게 자주 쓰이는 몇몇 단어 정도는 캐치해낼 수 있게 되었다.

중간에 잠시 과외 선생님을 붙이기도 했지만 기껏해야 3개월 남짓이어서, 사실 뭔가를 시켰다고 말하기에도 쑥스러운 수준이다. 과외를 그만둔 후에도 찬송이는 꾸준히 애니메이션을 보긴 했지만, 그 외에 다른 공부를 하지는 않았다. 소극적으로 뿌린 씨앗을 유지하는 정도로만 지내온 셈이다. 이런 상황이다 보니 아웃풋을 연습할 기회는 별로 없었던 것이 사실이었다.

이런 찬송이에게 배움의 욕구가 다시금 솟구치게 된 계기가 있었으니, 일본 니혼텔레비전^{NTV} 제작진이 찬송이와 우리 가족을 촬영하기 위해 한국을 방문한 일이 바로 그것이었다. 제작진 측에서 우리를 배려해 통역사를 붙여 주었는데, 찬송이는 통역을 거치지 않고서도 일본인 제작진들의 말을 90% 이상 알아듣고 있었다. 가끔 생각한만큼 표현하지 못해 답답해하기도 했지만 간단한 의사소통에는 큰 문제가 없었다. 그런 모습을 지켜보면서 그간 애니메이션을 통해 꾸준히 듣기를 해온 것이 헛된 일이 아니었음을 새삼 깨닫게 되었다.

제작진이 일본으로 돌아간 뒤, 찬송이는 좀 더 본격적으로 일본어를 공부해야겠다며 팔을 걷어붙였다. 아마 그들과의 만남을 통해 이 정도로는 안 되겠다 싶은 마음이 생긴 모양이었다.

"엄마, 안 되겠어. 이제 더 정확한 일본어를 배워야겠어."

그러더니 다양한 일본 애니메이션을 더 많이 찾아보고 학습서로 공부를 시작하는 등 예전보다 더 많은 시간을 일본어에 할애하기 시작했다. 나도 기초를 탄탄하게 다질 만한 학습서가 없는지, 찬송이에게 보여줄 만한 책이 없는지 틈틈이 알아보았다. 이후 서점에서 적당한 책을 골라 찬송이와 함께 공부해나가고 있다.

찬송이는 그동안 애니메이션을 많이 시청한 덕분에 상대적으로 듣기는 수월하게 느끼는 반면, 말하기나 읽기, 쓰기는 연습이 별로 되지 않은 미완성의 상태에 있다. 하지만 확실한 것은, 어렸을 때부터 애니메이션 시청으로 흥미를 돋우고 듣기 환경을 다져둔 것이 크나큰 도움이 되었다는 점이다. 앞으로 기본기를 제대로 다지고 회화 위주의 훈련을 늘려간다면 일본어도 영어 못지않게 유창하게 구사할 수 있는 언어가 될 것이라 생각하고 있다.

중국어, 현지인과 부딪혀 느낀 한계를 계기로 바꾸다

일본어에 관심을 가지게 된 지 1년 남짓 지났을까? 찬송이는 같은 동양의 언어인 중국어에 대해서도 관심을 보이기 시작했다. 중국 시장이 점차 커지고 있어 찬송이가 성인이 되었을 무렵에는 중국어가 영어 못지않게 중요한 언어로 자리 잡을 것 같아, 나 역시 '중국어를 가르쳐야 하지 않을까' 생각하고 있던 터였다. 한참 일본어 공부에 불타오르고 있을 즈음이어서, 중국어를 배우고자 하는 의지도 대단했다.

중국어는 내가 한 번도 배워본 적 없는 언어여서 어떻게 가르쳐야 할까 막막했다. 고민 끝에 학습지를 신청했지만 일반적인 학습지처럼 문제를 풀고 그에 대한 설명만 하다 끝난다면 오래 가지 못할 것 같다는 판단이 들었다. 그래서 선생님이 오셨을 때 중국어를 가르치지 말고 그저 중국어로 놀아만 달라고 부탁했다. 즐겁게 놀듯 접해야만 질리지 않고 오래 배워나갈 수 있음을 영어와 일본어를 통해 확실히 깨닫게 되었기 때문이었다.

선생님의 배려로 찬송이는 그림 그리기와 게임을 통해 재미있게 중국어로 놀 수 있었다. 하지만 앞서 이야기했던 것처럼 집안 형편이 찬송이를 받쳐주기에는 너무 어려운 상황이었다. 그래서 그마저도 하지 못하고 그만두게 해야 했다. 그야말로 씨앗만 뿌려두고 거름을 주지 못하는 상황이 된 것이다. 그 후로도 뭔가를 시작해볼 만하면 형편이 나빠져 그만두어야 했기에, 아이 입장에서는 상당히 감질날 수밖에 없었으리라.

그러던 찬송이가 다시금 중국어를 배워야겠다는 의욕을 불태우게 된 계기가 바로 앞서 언급했던 〈수퍼맘 다이어리〉 촬영차 떠났던 중국 여행에서였다. 현지에서 직접 중국인들을 만나 이야기를 나눠 보니 하고 싶은 말이 머릿속에 맴돌긴 하는데 정작 입으로는 나오질 않아 답답했다고 한다. 급한 마음에 일본어를 섞어서 말했던 웃지 못할 에피소드도 있었다.

하지만 우리는 좌절하는 대신 이를 중요한 계기로 받아들이기로 했다. 찬송이가 이 경험을 계기로 중국어에 대한 커다란 자극을 받고 학습 의욕을 불태우게 되었으니 그것만으로도 됐다고 여기기로 한 것이다. 그 후 찬송이는 기초를 다질 만한 책으로 공부를 시작했고, 나는 아이의 듣기 환경을 조성해주기 위해 찬송이를 태우고 이동할 때마다 중국어 테이프를 틀어놓곤 했다. 꼭 집중해서 듣기를 기대하기보다는 그저 그 언어에 익숙해지길 바라는 마음에서였다.

재미있는 것은, 엄마인 나는 중국어의 성조가 매우 어렵게 느껴진 반면 찬송이는 성조가 그다지 어렵지 않다고 느꼈다는 것이다. 성조를 '꼭 외우고 익혀야 할 공부'로 여기기보다는, 그저 원어민의 소리를 듣고 자연스레 입에 배도록 따라 하게 한 것이 주효하지 않았나 싶다.

또한 그동안 소홀히 했던 한자실력을 키우기 위해 서점에서 초등학생용 한자 교재를 몇 권 사와서 익히기 시작하였다. 우리나라에서 사용하는 한자와 중국어의 간체자는 엄밀히 말하면 차이가 있지만, 기본적인 한자를 익혀둔다면 간체자를 익히는 데에도 도움이 될 것이고 나아가 일본어 공부에도 도움을 줄 것이라 판단해서였다.

그렇게 지속한 결과 현재 찬송이의 중국어 실력은 일상 회화가 가능한 수준까지 향상되었다. 한자 공부가 도움이 되었음은 물론이다.

그러나 아직까지는 읽기와 쓰기 실력이 부족한 편이라 이를 보완하기 위해 열심히 공부하고 있다. 요즘은 중국어 공부에 특히 더 많은 열정을 쏟고 있으니, 몇 년 뒤쯤에는 거침없이 중국어를 구사할 날이 오지 않을까 기대하고 있다.

프랑스어, 일단 좋아하게 만들면 배우기 쉬워진다

유럽여행을 다녀온 직후부터 찬송이는 프랑스어를 배우고 싶다고 했다. 말소리와 발음이 너무나 예쁘게 들린다는 것이 그 이유였다. 일단 좋아하기 시작하니 마치 사랑에 빠지기 시작한 사람처럼 다른 것은 눈에 보이지 않는 듯했다. 좋아 보이는 부분 하나가 아이에게는 강력한 동기부여가 되어준 셈이다.

프랑스어 역시 과외 선생님을 잠시 붙여주었다가 형편상 한동안 중단해야 했다. 프랑스어를 공부하는 것이 즐겁고 행복하다는 아이의 목소리가 늘 귓가에 맴돌았고 혹시 이렇게 오래 학습을 멈추면 흥미를 잃지는 않을지 염려가 되었다. 찬송이가 영어 다음으로 사랑하는 언어가 프랑스어였기 때문에 이렇게 손 놓은 채 시간만 흘려보내야 하는 것이 너무나도 아쉽게 느껴졌다.

다시 프랑스어를 공부하게 해줄 방법이 없을까 고민하고 있던 중 눈에 띈 것이 프랑스문화원에서 주최하는 프랑스어 어학프로그램이었다. 방배동 서래마을에 있는 프랑스학교에서 주말마다 수업을 듣는 것이었다. 사막에서 오아시스를 만난 듯 너무 기뻤다. 하지만 문화원에 문의해 보니 프랑스어를 처음 시작하는 아이는 열한 살이 되어야만 수업을 받을 수 있다고 했다. 찬송이의 실망은 이만저만이 아니었다. 하지만 그동안 더 오랜 시간도 기다려온 우리였기에, 조금만 더 참기로 했다.

들어갈 수 있는 시기를 기다려 열한 살이 되자마자 프랑스학교에 다니기 시작하였다. 프랑스 원어민에게 회화 위주의 수업을 듣는 것이라 사실 학교라기보다는 방과 후 수업에 가까웠다. 게다가 프랑스학교의 시스템에 따르다 보니 방학도 매우 길었다. 찬송이는 방학이 오는 것을 싫어할 정도로 수업을 즐겼고, 올해 6월까지 그 학교에 다니며 회화 실력을 다졌다.

프랑스학교에 다녔던 동안에는 수업시간에 배우는 것에 충실하되 프랑스어 이야기책과 학습서에 딸린 CD를 집이나 이동하는 차 안에서 꾸준히 듣고 따라 하는 것에 주력하였다. 다른 외국어도 그렇지만 프랑스어 역시 예습복습에 많은 시간을 할애하지는 않는 편이었다. <mark>어렸을 때부터 어학을 '학습'으로 인식하기보다는 소리를 최대한 자주 듣고 말해보며 익히는 '생활습관'으로 인식하였기 때문에, 프랑스어를 공부할 때도 '많이 듣고 말하기'가 거의 절대적인 비중을 차지했다고 볼 수 있다.</mark>

처음 시작할 때부터 회화 위주로 공부했기 때문에 이제는 듣기와 생활 회화가 중급 이상으로 가능한 정도에 이르렀다. 지금은 프랑스 학교 과정을 마치고 그동안 배웠던 것들을 되새기며 중급에서 고급 수준으로 향상시킬 수 있는 공부를 병행하고 있다.

스페인어와 이탈리아어, 유사점을 최대한 활용하다

찬송이가 원래 스페인어보다 더 배우고 싶어했던 언어는 포르투갈어였다. 몇 년 전부터 그 언어에 대해 굉장히 궁금해하면서 인터넷에서 학습하는 방법도 찾아보고 서점에 가서 학습서를 구입하여 스스로 공부하겠다고 시작도 하였다.

얼마간 공부를 해보더니 생각만큼 진전도 없고 흥미도 덜하였는지 학원을 알아보자고 하는 것이 아닌가? 하지만 그 당시 인터넷을 아무리 뒤져도 포르투갈어를 배울 수 있을 만한 학원은 마땅치 않았다. 그래서 포르투갈어 말고 좀 더 쉽게 배울 수 있는 다른 언어를 찾아보자고 아이와 의견을 모으게 되었다.

어떤 언어를 배우게 해줄까 생각하던 중 문득 미국에서 유학했던 남동생이 떠올랐다. 동생은 미국 유학을 간 후 결혼해서 미국에 살고 있었는데, 그 애가 대학교에서 선택한 외국어가 스페인어였다. 스페인어는 미국인들이 보편적으로 가장 많이 배우는 제2외국어로 영어를 익힌 뒤에 배우면 배우기가 굉장히 쉽다고 했다. 곰곰이 생각해 보니 찬송이에게도 스페인어는 아주 생소하지만은 않은 언어였다. 7살 때 스페인어로 된 아바의 노래를 우연히 듣고는 여러 번 따라 불러서 가사를 다 외우기도 했었던 것이다. '이거다!' 하는 생각이 들어 찬송이를 불러 앉혀 놓고 이야기를 꺼냈다.

"찬송아, 미국 외삼촌이 그러는데 영어를 배우고 나니까 스페인어 배우는 것이 쉬웠다고 하더라. 미국 사람들도 가장 많이 배우는 외국어래. 우리 찬송이도 영어를 잘 하니까, 스페인어를 배워보면 어떨까?"

미국 사람들이 많이 배우는 외국어라는 말에 솔깃했는지 찬송이는 선뜻 그러겠다고 했다.

"정말? 그럼 나도 스페인어 배울래."

처음에는 어린이를 위한 단어장도 사다 공부해보는 등 신나는 마음으로 시작했는데, 아무리 영어와 비슷하다 해도 한계가 있었다. 미국에서야 스페인어가 제2외국어로 확실히 자리를 잡은 상황이지만, 우리나라에서의 사정은 달랐다. 아무리 열심히 공부를 한다 해도 피드백을 해줄 만한 사람을 구하기조차 쉽지 않은 상황이었다. 예전처럼 과외 선생님을 붙이거나 학습지 선생님을 구하기도 불가능했다.

그래서 일단 기초라도 떼자는 마음으로 어학원을 알아보게 되었다. 그나마도 어린이나 청소년을 대상으로 하는 곳은 드물어 성인을 대상으로 하는 곳에 다니게 되었다. 하지만 여기서도 난관이 찾아왔다. 찬송이가 이제까지 접해 왔던 외국어 습득 방법과는 정반대로 수업이 진행된 것이다. 문법을 먼저 배우고 원어민 회화 수업은 8개월이 지난 후부터 들어간다고 하였다. 어떤 언어든 놀이로 먼저 접하게 하고 싶다는 내 다짐이 산산이 깨지는 순간이었다. 그러나 어린이를 위한 수업이 마련되어있지 않다 보니 선택의 여지가 없었다.

찬송이는 생각보다 잘 해내고 있다. 어릴 때 놀이로 접목해 듣기, 말하기 위주로 천천히 진행하는 습관이 몸에 배어 있고, 외국어 자체에 대한 호기심도 나날이 충만해지고 있어서 상대적으로 지루할 수 있는 문법 위주의 수업도 재미있다고 한다. 새로운 것을 배워나가는 것에 대한 희열을 제대로 맛볼 수 있게 된 것이다.

최근에는 이탈리아어도 배우기 시작했다. 이탈리아어를 배우게 된 데에는 남편 지인분의 역할이 컸다. 방송을 통해 찬송이를 눈여겨보았던 그분이 외국인 선생님을 소개해 준 것이다. 독일인인 베네딕트 선생님은 이탈리아에서 어린 시절을 보내 이탈리아어에 능통하며 영어, 스페인어, 프랑스어까지 할 줄 아는 분이었는데, 그런 분이라면 이탈리아어 수업을 영어로 받는 것도 가능할 것 같았다. 여러 언어를 비교하면서 배울 수 있는 흔치 않은 기회를 잡지 않을 이유가 없었다. 찬송이에게도 무척 좋은 기회가 될 것 같아 망설임 없이 선생님으로 모시게 되었다.

수업은 올해 4월부터 시작했는데, 이탈리아어로 주로 수업을 하되 이해가 되지 않는 부분은 영어로 설명해주어 찬송이에게는 더없이 재미있는 수업이 되었다. 더군다나 주 교재가 영국에서 발간된 이탈리아어 교재여서 영어 공부에도 상당한 도움을 받고 있다.

선생님과의 수업에 뒤처지지 않도록 계속적인 피드백을 주는 것은 여전히 나의 숙제다. 계속 반복해주지 않으면 쉽게 잊힐 수 있는 것이 외국어이므로, 잊어버리지 않도록 수업을 녹음해둔 mp3 파일이나 이탈리아어 CD 등을 틀어주어 계속적으로 들을 수 있는 환경을 만들어주고 있다. 선생님과의 수업에 부족한 부분이 없도록 사전에 보완해주는 것이 매우 중요하기 때문이다. 가끔씩 도서관에서 찬송이에게 도움이 될 만한 이탈리아어 책을 찾아 선생님에게 드리는 일도 하고 있다. 찬송이를 오래 가르쳐 온 '엄마 선생님'으로서 찬송이의 단점과 약점을 잘 알기 때문에 부족한 부분을 보완할 만한 자료들을 드려 보조 교재로 활용할 수 있도록 하는 것이다.

찬송이의 이야기에 따르면 이탈리아어와 스페인어는 깜짝 놀랄 정도로 비슷하다고 한다. 스페인어를 배우기 시작하고 8개월이 지나서 이탈리아어를 시작하였지만 같은 날 공부를 하면 두 언어가 혼동이 되는 경우도 있을 정도로 흡사하다는 것이다. 하지만 나는 걱정하지 않는다. 찬송이를 가르치며 경험한 바로 모든 언어는 일정 수준 이상에 다다르면 자신만의 방을 만들게 된다는 것을 알기 때문이다. 지금은 찬송이가 두 언어를 헷갈려하는 상황도 있지만 나중에는 둘 모두를 자유자재로 구사할 수 있을 것이라 믿는다. 영어와 한국어가 그랬듯, 일본어와 중국어가 그랬듯 말이다.

"찬송이 언니처럼 공부했더니
외국어에 흥미를 가지게 됐어요."

세나(9세), 승찬(7세), 호찬(3세) 어머니의 이야기

저는 세 아이를 둔 엄마입니다. 저희 아이들도 아기 때부터 YBM 시사영어사 디즈니 영어교실 비디오를 하루 종일 시청했어요. 찬송이처럼 가만히 앉아서 열중하며 봤지요. 덕분에 아이들 모두 돌이 되기 전에 알파벳도 쓰기 시작하고 책도 읽기 시작하였습니다.

세나가 네 살, 승찬이가 두 살 되던 무렵, 이사와 더불어 이래저래 바쁜 일이 많아 약 1년간 아이들 영어 공부에 신경을 쓰지 못했습니다. 꾸준히 해왔던 비디오 시청도 잘 시켜주지 못했고요. 그러다 아차 싶어 돌아보았는데, 아이들의 영어가 발전 없이 멈춰 있는 상태였습니다. 확인해 보니 책은 읽을 수 있는 상태였지만 영어로 대화하는 것은 상대방이 무슨 말을 하는지 잘 모르겠다며 힘들어했습니다.

그러던 중 셋째 호찬이가 태어났고, 두 아이 때의 우를 범하지 않기 위해 비디오를 열심히 보여주었죠. 효과가 있었는지 요 녀석도 돌이 지나 알파벳을 익히더라고요. 그런데 큰 녀석들이 문제였어요. 비디오를 틀어주면 계속 딴짓을 하면서 떠들기만 하고…. 영어책도 안 보려 하고 CD를 틀어주면 더 시끄럽게 떠들어서 당황스럽고 애가 탔지요.

그러다가 우연히 텔레비전 프로그램을 통해 찬송이를 알게 되었고, 블로그 이웃까지 맺게 되었습니다. 아이들에게도 찬송이의 영어책 읽어주는 동영상을 보여주었죠. 왜, 찬송이가 동화책을 읽어줄 때 재미있고 리얼하게 읽어주잖아

> 이렇게 발전했어요

요? 그래서 아이들에게 "찬송이 언니처럼 저렇게 재미있게 읽어볼까?" 하고 물어보았더니 처음에는 부끄러웠는지 몸을 비비 꼬며 싫다고 하더라구요.
그래서 책상을 펴고 학생놀이를 시작했어요. 세나에게는 "제시카 선생님! 책 좀 재미있게 읽어주세요." 하고 호찬이에게도 "케빈 쌤~ 영어책 좀 읽어주세요." 하면서 역할놀이를 한 것이죠. 예상 외로 아이들이 너무나 재미있어 하며 따라오는 거예요.
그리고 찬송이가 영어책을 읽을 때처럼 무서운 늑대면 무서운 늑대 흉내, 슬픈 이야기면 아주 슬프게 우는 흉내를 내며 읽었지요. 점점 뒷장으로 넘어가면서 아이들의 목소리가 작아질 때는 "선생님 안 들려요! 큰소리로 읽어주세요!" 했더니 웃으며 다시 큰소리로 읽었어요. 서툰 발음과 액션이지만 나름 노력하는 아이들의 모습이 너무 기특하고 예쁘더라고요. 재미있다고 리액션을 보이며 박수를 쳐주었더니 더욱 자신감을 얻은 것 같아요.
그 후로 한 명이 선생님이 되면 저를 포함한 나머지는 학생이 되어 영어책 읽기 놀이를 계속했어요. 그랬더니 진짜 본인이 선생님이 된 것마냥 하루가 다르게 발전하더라고요. 중간 중간 엄마가 칭찬해주면 어찌나 좋아하던지! 요즘은 세나와 승찬이가 은근히 신경전을 벌이면서 자기가 더 잘하려고 노력하기까지 한답니다. 영어에 흥미를 잃었던 우리 아이들이 찬송이로 인해 긍정적이고 좋은 자극을 받게 된 것 같아 무척 기쁘고 행복하답니다. 고마워요!

"찬송이 누나의 스토리텔링 덕분에
영어의 매력에 푹~ 빠졌어요."

준우(7세), 준서(7세) 어머니의 이야기

준우와 준서는 아기 때 장난감보다는 책과 퍼즐을 가지고 노는 것을 더 좋아하는 아이들이었어요. 책을 좋아하고 한글과 한자에도 또래보다 일찍 관심을 갖기에 영어도 그렇겠지 싶었는데, 막상 영어에는 별로 흥미를 보이지 않아 뭘 어떻게 해줘야 하나 고민하고 있었죠. 그러던 중 정말 우연한 기회에 블로그와 방송을 통해 찬송이를 만나게 되었습니다.

그전까지만 해도 준우와 준서는 영어책이나 교재에 흥미를 붙이기는커녕 영어 DVD를 틀어줘도 금방 고개를 돌리기 일쑤였던, 영어 자체에 관심이 거의 없던 아이들이었는데요. 블로그를 통해 찬송이의 모습을 접하고는 신선한 충격을 받은 듯했습니다. 찬송이가 재미있게 영어책을 읽어주는 동영상을 보며 "영어 사람처럼 말하는 누나다!"라며 무척 신기해하는 게 아니겠습니까?

아이들의 관심이 식을세라 저는 〈수퍼맘 다이어리〉라는 프로그램에서 찬송이가 부모님과 중국으로 여행을 가서 그곳의 사람들과 말도 하고 직접 이곳저곳 찾아다녔던 이야기를 해주었지요. 두 녀석이 눈을 반짝이며 "진짜야?" 하고 몇 번씩 되물었던 기억이 납니다.

그 후 찬송이 어머니를 만나게 되면서 찬송이는 준우, 준서의 과외 선생님이 되어주었어요. 찬송이 어머니가 꾸준히 올려주시는 블로그 동영상도 자주 보여주었고, 찬송이와 직접 만나 스토리 수업도 하고 즐겁게 게임도 하며 공부하게끔 했지요. 그러자 놀랍게도 두 아이 모두 서서히 영어책에 관심을 가지

> 이렇게 발전했어요

며 스스로 펼쳐보는 것은 물론이고, 영어 DVD를 틀어줘도 싫어하지 않고 보기 시작했어요. 영어 자체에 관심이 없었던 예전에 비하면 엄청난 성과였죠.
작년 겨울부터는 중국어 수업도 시작해서 지금은 꽤 진도가 나간 상태랍니다. 물론 아직 어린아이들이고 실력이 찬송이만큼 월등한 것은 아니지만 아이들 스스로 흥미를 갖고 노력하고 있는 모습이 무척 대견스럽습니다. 저는 이렇게 아이들이 외국어에 흥미를 느끼게 된 것만으로도 정말 감사한 일이라고 생각하고 있어요.
찬송이 어머님이 해주신 말씀 중에 '아이가 스스로 하고 싶어할 때까지 기다려 주고, 그 대신 아이가 하고 싶어할 수 있는 환경을 항상 만들어 줘야 한다'는 이야기를 아직까지도 마음속에 새기고 있습니다. 처음에는 그 뜻을 충분히 이해하지 못했는데 이제는 너무나도 공감이 가는 이야기가 되었거든요. 우리 아이들의 어학 공부에 도움이 되는 조언과 멘토링을 기꺼이 해주시는 찬송이 어머니와 찬송이가 있어서 참으로 다행이라는 생각이 듭니다. 찬송이가 매사에 노력하는 것처럼 우리 아이들도 항상 어학을 즐거워하며 열심히 노력하는 아이들로 자라났으면 좋겠습니다.

STEP 1 Listening + Viewing Start
가능한 한 많이 들려주고 자주 보여주기

STEP 2 Reading + Speaking Start
입으로 읽고 말로 표현하게 하기

STEP 3 Listening + Reading Level up
어휘력 확장과 표현력 발전에 주력하기

STEP 4 Writing Start
하고 싶은 말을 영어로 써보기

찬송맘이 알려주는

외국어 공부
단계별 비책

PART 3

STEP 1

Listening + Viewing Start

가능한 한 많이 들려주고 자주 보여주기

다양한 소리를 들려주는 것부터 시작하자

    찬송이의 영어 실력을 접한 전문가들 중에서는 찬송이를 '영재'라고 지칭하는 분도 있었다. 하지만 나는 찬송이가 영재인지 아닌지에 대해서는 그다지 관심이 없었다. 영재성을 타고났다 하더라도 어떻게 개발하느냐에 따라 영재로 남을 수도 있고 도태될 수도 있다고 생각했기 때문이다. 그래서 나는 아이가 영재인지 아닌지에 신경을 쓰는 대신 외국어에 대한 아이의 재능을 끌어올려주는 데 집중했다. 그러기 위해 가장 먼저 시작한 일이 바로 듣기 환경을 조성해주는 것이었다.

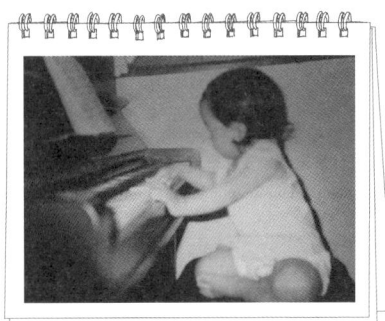

찬송이는 지금까지도 영어를 친숙하게 여길뿐 아니라 음악도 무척 좋아한다. 아마 태어났을 때부터 클래식, 영어 동요, 이야기책 CD 등 다양한 소리를 들려주는 데 집중한 것이 주효하지 않았나 싶다.

    찬송이가 태어나면서부터 우리 집에는 항상 소리가 끊이지 않았다. 아기 때부터 클래식 음악을 비롯한 다양한 소리를 들려주었다. 처음에는 클래식 음악으로 시작해 그 다음에는 영어 동요, 또 그 다음에는 이야기책 CD 등으로 범위를 확장해 점차 외국어 소리도 귀에 들어갈 수 있게끔 듣기 환경을 만들어주었다. 두뇌 발달에 대한 전문적인 지식이 있어서 그랬던 것은 아니지만, 다양한 소리를 많이 들려줄수록 아이의 뇌를 자극시키는 데 큰 도움이 된다는 이야기를 어디선가 접해본 적이 있었던 터였다.

    이런 환경을 조성해준 덕분에 찬송이는 집안에서나 집 밖에서나 외국어 소리를 듣지 않은 적이 거의 없었을 정도였다. 그래서였을까? 찬송이는 난생 처음 원어민을 만났을 때에도 낯설어하거나 수줍어하지 않았다. 외국에서 살아본 경험도 어학연수를 받아본 경험도 없지만 현재는 모국어인 한국어를 포함 7개 국어를 구사할 수 있다. 이렇듯 외국어 실력을 발휘할 수 있게 된 것은 전적으로 잠재된 언어 능력을 끌어내준 듣기 환경 조성 덕분이었다고 생각한다.

오랜 기간에 걸쳐 쌓아온 듣기 실력은 엄청난 잠재력을 가지고 있다. 그 당시에는 결과가 당장 드러나지 않는 것처럼 보일지도 모르지만, 차근차근 쌓여 뇌에 저장되기 때문에 적당한 시기가 되면 봇물 터지듯이 흘러나오게 된다. 다른 과목도 마찬가지겠지만 특히 어학은 인풋이 충분히 된다면 언젠가는 반드시 엄청난 아웃풋으로 보답한다는 사실을 명심하자.

TIP
듣기 환경은 엄마에게도 도움을 줘요

무언가를 자주 듣는 것은 아이뿐만 아니라 엄마에게도 많은 도움이 된다. 나는 평소 이동할 때마다 듣기 위해 거의 모든 외국어 테이프나 CD를 차에 비치해 두었다. 그리고 아이가 있을 때는 아이와 함께, 아이가 없을 때는 나 혼자서라도 틈틈이 자주 들었다. 몇 개월만 지속하면 아이 공부를 도와줄 때 직접 지도해줄 수준까지는 아니더라도 아이가 하는 것에 대해서 피드백을 줄 수 있을 정도까지는 향상될 수 있다.

아이의 집중 여부를 살피자

아이는 어릴 때일수록 본인의 것이 될 때까지 반복하는 것을 좋아한다. 물론 아이마다 성향이 다를 수 있으므로 엄마는 책을 읽어주는 내내 아이의 반응을 잘 살펴야 한다. 어린아이일지라도 좋고 싫은 것에 대한 의사가 있고 그것을 얼마든지 엄마에게 표현할 줄 알기 때문이다.

아이가 그 책을 덮거나 치우거나 다른 데로 눈을 돌린다면 반복해서 읽은 책의 내용이 충분히 이해가 되어서 더 이상 관심이 가지 않는다는 표현일 수 있다. 이런 상황에서는 더 이상 엄말을 할 줄 모르는 어린아이들도 행동으로 의사표현을 한다. 찬송이의 경우에는 마음에 들지 않는 책을 보여주면 눈을 돌리거나 책장을 덮는 등의 행동으로 싫다는 의사표시를 해 보였다. 이런 상황이라면 더는 아이에게 학습을 강요해서는 안 된다.

마가 강요해서는 안 될 것이다.

  시청각교재와 마찬가지로 책을 읽어줄 때에도 항상 아이의 행동을 잘 파악하며 반응을 주시해야 한다. 아이의 시선이 책 속 그림에 더 머무르고 싶어한다면 충분히 시간을 주어야 할 것이다. 제 스스로 책장을 넘기려고 할 때 비로소 그 다음 내용을 접하게 해주는 것이 좋다.

  아이가 집중하고 있을 때는 그것을 끊지 말고 내버려두도록 하자. 아이도 책 속의 그림들을 보며 나름대로 뭔가 생각하고 상상하고 있을 것이기 때문이다. 엄마 기준에서 빨리 책을 넘기려 하지 말고 아이가 충분히 책 속 세계에서 머물 수 있도록 기다려주자.

중독과 집중을 분명히 구분하자

유아기의 찬송이는 낮에 주로 놀이와 책 읽기를 즐겨 했는데, 어릴 때나 지금이나 밤에 일찍 자는 것을 싫어해 밤늦도록 영어 비디오를 보는 날이 많았다. 집중하는 시간이 워낙 길다 보니 자정을 넘기는 것은 물론이고 일주일에 2~3일은 새벽까지 시청을 하기도 했을 정도였다. 특히 새로운 시리즈물의 비디오를 구입한 날은 그 시리즈물이 동이 나야 잠을 청하곤 했다.

나는 아이가 원해서 영어 비디오를 몇 시간씩 연속해서 볼 때는 절대 중간에 방해하거나 끊지 않았다. 엄마인 내가 판단했을 때 그건 중독이 아니라 집중이라고 여겼기 때문이었다.

돌이켜 생각해 보면 영어에 노출되는 시간이 얼마나 중요한지 느끼고 있었기 때문에 아이의 요구를 눈감아준 것이라고 해도 무리는 아닐 것이다. 실제로 어학 습득에 성공한 국내파 아이들의 사례를 보면 영어 비디오와 영어 채널을 통해 많이 듣고 영어책을 많이 읽은 아이들이 귀도 빨리 트이고 회화도 잘하게 되었다고 하니, 내 생각이 아주 틀리지는 않았던 듯싶다.

이런 이야기를 하면 많은 사람들이 걱정 어린 목소리로 비디오나 텔레비전 시청을 지나치게 했을 때의 폐해에 대해 이야기하곤 한다. 하지만 지나친 비디오 시청으로 인한 부작용은 엄마가 습관적으로 아이를 혼자 텔레비전 앞에 내버려둘 때 일어나는 일이고, 내 경우는 달랐다. 나는 단 한 번도 찬송이를 혼자 텔레비전 앞에 두고 다른 일을 해본 적이 없다. 찬송이가 비디오를 보고 있는 동안은 함께 지켜보면서 리액션도 해주고, 칭찬도 해주는 등 혼자 있다는 기분이 들지 않도록 지켜봐주었다. 그래서 늘 수면 부족에 시달려야 했지만!

만약 찬송이가 비디오에 중독된 것이었다면 비디오 외에 책이나 다른 놀이 등을 거부하는 증상을 보였을 것이다. 하지만 찬송이는 비디오는 비디오대로, 책은 책대로, 놀이는 놀이대로 골고루 즐기면서 각각의 시간들에 충분히 몰입하는 모습을 보여주었다. 좋아하는 것을 쥐어줘도 금세 싫증을 내는 또래 아이들과는 달리 뭔가 한 가지에 집중하는 능력만큼은 타고난 것 같았다. 그 어떤 병적인 징후도 발견하지 못했음은 물론이었다.

몇몇 엄마들에게서 비디오 시청에 따른 부작용을 우려해 유치원 때까지 하루 1시간 이상 비디오에 노출시키지 않으려고 강제적으로 제한했다는 이야기를 들은 적이 있다. 다른 것과 균형을 맞출 수 있다면, 단지 시청각 노출의 단점만을 우려해서 원천 차단시키는 우를 범할 필요는 없다고 생각한다. 위험요소라고 생각되는 부분은 막았을지 모르겠지만, 그로 인해 영어를 들을 수 있는 귀 역시 차단하는 셈이 되니까 말이다.

'반드시 봐야 하는 것'은 없다

　많은 엄마들이 아이에게 보여줄 영어 비디오를 고를 때 연령대별 추천 리스트를 기준으로 삼는다. 물론 엄마가 선택한 것을 아이도 흥미로워한다면 더없이 좋겠지만, 그렇지 못한 경우도 있을 수 있다. 만약 아이는 관심도 없는데 엄마가 억지로 강요하는 경우라면 아이에게 도움이 되기는커녕 독이 된다.

　'이 연령대에는 이 비디오를 꼭 보여줘야 한다'라는 것은 엄마 생각일 뿐이다. 보편적인 기준이라도 내 아이에게 적용할 때에는 참고사항이 되어야지 필수사항이 되어서는 안 된다. 아이가 흥미를 보이는데 굳이 부모가 "이것은 네 연령대에 이해가 되지 않을 테니 지금 이걸 보는 건 시간 낭비야." 하고 막을 이유는 없다는 것이다.

내게는 외부의 기준이 아닌 아이의 흥미 여부가 가장 중요한 기준이었다. 그래서 평균적인 연령대별 리스트라는 것은 사실상 큰 의미가 없었다. 찬송이는 제 나이 또래들이 보는 책에 흥미를 느끼는 경우도 있었지만, 예닐곱 살에 초등학교 고학년을 대상으로 나온 시리즈물에 집중하며 흥미를 보인 경우도 있었다. 나 역시 아이가 원하는 것이라면 크게 제어하지 않고 마음껏 볼 수 있도록 해주었다.

이로 인한 부수적인 효과는 제 나이와 상관없이 방대한 지식을 접할 수 있었다는 점이다. 찬송이가 어렸을 때부터 똑똑하다는 소리를 많이 들었던 이유도 자신의 흥미에 따라 풍부한 지식들을 책과 비디오를 통해 섭렵한 덕분이었다. 연령대에 맞지 않는 내용을 접하면 지금 당장은 100% 소화하지 못할 수 있지만, 그 당시 이해된 만큼까지는 아이의 지식으로 쌓일 수 있다. 전혀 도움도 안 되는 헛수고를 하는 일이 아니라는 뜻이다.

목표를 세우거나 꿈을 가질 때 자기가 올라갈 수 있는 것보다 조금 더 높이 잡으라고들 이야기하지 않는가? 마찬가지다. 아이가 관심 있어 하는 부분이 평균치와 조금 다를지라도 아이의 의사를 존중하고 관심사를 충족시켜줄 수 있어야 한다. '이것만은 꼭…'이라는 생각이 아이의 호기심과 학습욕구를 저하시킬 수 있음을 명심하자.

책을 장난감처럼 가지고 놀게 하자

찬송이에게 처음 책을 읽어준 것은 생후 3개월 무렵이었다. 누워 있는 찬송이에게 한국어 그림책을 읽어준 것을 시작으로 하루에 5권 이상 꾸준히 읽어주곤 했다. 책을 통해 엄마와의 교감이 시작됐음을 눈치라도 챈 것일까? 책은 찬송이가 가장 좋아하는 장난감이 되었다.

아이가 기어 다니기 시작하면서부터는 집안 곳곳 아이의 시선이 닿을 만한 곳이면 어디든 책을 놓아두었다. 관심이 생기면 언제라도 손을 뻗어 만질 수 있게 하였고 책장을 넘겨주며 제목과 그림을 인지하게 해주었다.

앉기 시작할 때부터는 책을 장난감처럼 손에 쥔 채 책장을 넘기며 노는 것이 찬송이의 습관이자 즐거움이 되었다. 책을 펼쳤을 때 입체적으로 나오는 팝업북Pop-up book이나 퍼펫북Puppet book, 모래나 가죽 등 다양한 소재를 손으로 만지는 촉감책 등이 대표적이었는데, 이렇게 장난감처럼 가지고 놀 수 있는 책들로 아이의 흥미를 돋우고 오감도 자극할 수 있었다.

생후 10개월쯤 되자 말이 아직 서툰데도 책 읽는 시늉을 하였다. 책을 손에 쥐고 읽는 흉내를 내면서 책장을 넘기곤 했는데 아이에게는 이것이 독서 이전에 재미있는 놀이로 자리 잡은 듯했다. 그리고 생후 1년이 지났을 때쯤엔 내가 문장을 읽으면 내 말을 우물우물 따라 하면서 책 읽기를 시작했다. 흉내 내기에 불과했지만 내가 읽어준 문장을 거의 정확하게 기억하여 흉내를 내고 그 문장이 끝나면 스스로 다음 페이지를 넘기려 하였다. 그림을 보고 전체적인 이미지를 기억하며 책을 읽기 시작한 것이다.

그러다가 네다섯 살쯤 되면서부터는 그동안 이미지로 읽었던 글자들을 하나하나 활자로 인식하며 읽기 시작하였다. 다섯 살부터는 알파벳이나 단어를 따라 쓰기 시작했다. '글을 쓴다'라기보다는 '그림을 그리고 있다'라는 표현이 어울리는 수준이었다.

책을 장난감처럼 접하게 해주어서 그런지 찬송이는 잠들기 전에는 반드시 책을 읽고 잘 정도로 책을 너무나도 좋아하는 아이가 되었다. 도서관이나 서점같이 책이 많은 공간에 가는 것도 무척 즐거워한다. 책과 함께하는 것이 오래 굳어져 일상화되어버린 것이다.

책을 좋아하는 아이가 될지 말지는 엄마의 노력에 달려있다. 외국어에 흥미를 붙여주고 싶다면 장난감처럼 가지고 놀 만한 책을 골라 아이 주변에 놓아두도록 하자. 책을 장난감처럼 인식하고 신나게 가지고 논다면 일단 반은 성공한 것이나 다름없다. 뭔가를 해야 한다고 강요하는 것보다는 자연스럽게 생활의 일부분으로 인식할 수 있게 해주는 것이야말로 엄마가 해야 할 몫임을 기억하자.

한국어 설명, 따로 해줄 필요 없다

아이들의 뇌에는 언어마다 방이 따로 있다고 한다. 쉽게 말해 영어를 읽을 때에는 영어로 인식하고 생각하게 되고, 한국어를 읽을 때에는 한국어로 인식하고 생각하게 된다는 것이다.

그래서 나는 맨 처음 영어책을 읽어줄 때부터 한국말 설명 없이 영어로만 쭉 읽어주었다. 한국어책을 읽어줄 때 다른 나라 언어로 설명할 필요가 없는 것처럼, 그 원리를 영어책에도 적용한 것이다.

이맘때 읽힌 영어그림책 중 〈Wake Up, Everybody〉라는 제목의 책이 있었는데, 그림과 함께 Wake up, Daddy / Wake up,

Mommy / Wake up, Grandpa / Wake up, Grandma 등의 문장들이 계속 이어져 가족 구성원의 명칭과 Wake up이라는 표현을 습득할 수 있게 한 책이었다. 그림책 속에 할머니가 기지개를 켜며 일어나는 그림과 함께 "Wake up, Grandma."라는 문장이 나온다. 굳이 한국어로 번역을 하지 않아도 그림으로 장면을 이해할 수 있기 때문에 아이는 충분히 내용을 흡수할 수 있다.

찬송이는 한국어를 곧잘 하는 나이가 되었을 때도 한국어 해석을 궁금해하지 않았다. 영어책을 읽는 동안에는 책 속에 나오는 모든 사물들을 영어로 인식했고, 모든 생각과 의식이 영어방에서 머물러 있기 때문인 듯했다.

그맘때쯤 찬송이가 가장 많이 들었던 말은 "영어책 한번 읽어 봐라~"라는 이야기였다. 어린아이가 영어를 잘하는 것이 신기해서였는지 유독 그런 요구를 하는 사람들이 많았다. 아이는 막힘없이 술술 읽어 내려갔다. 그런데 아이가 영어책을 읽고 나면 백이면 백 내용을 한국어로 옮겨서 이야기해달라는 요구를 해왔다. 아이는 영어책을 읽으면서 내용을 영어로 이해하고 생각하는 것에 익숙한데, 그것을 다른 언어로 표현해달라는 요구를 받으니 난감해했다. 오히려 그 책 내용을 한국어가 아닌 영어로 요약해 말해 보라고 하면 했을 것이다.

그러다 시간이 지나고 초등학생 나이가 되자 영어 환경에서는 영어로, 한국어 환경에서는 한국어로 말하고 사고하는 것이 가능해졌다. 뿐만 아니라 두뇌의 영어방, 한글방을 자유자재로 넘나들며 영어를 한국어로, 한국어를 영어로 통역할 수 있게 되었다.

나는 언어 전문 학자가 아니기에 어느 시기에 언어의 방이 따로 만들어지는지 알지 못한다. 설령 학자들이 주장하는 시기가 있다 하더라도 모든 아이가 똑같지는 않을 것이다. 분명한 점은 아이의 머릿속에 각각 언어의 방이 정립될 때까지 조금 기다려주어야 한다는 것이다. 다른 언어가 모국어처럼 완전히 자리 잡으려면 제법 시간이 필요하니 인내심을 갖고 기다려주도록 하자.

Tip

한국어책 vs 외국어책, 정해진 비율이 있나요?

찬송이의 경우 처음 책을 접했던 생후 3개월 무렵에는 한국어책만을 읽어주었다. 생후 1년이 지나면서 영어책을 읽어주기 시작했고, 영어책과 한국어책의 비중을 7대 3 정도로 두었다. 그러다가 시간이 지나면서 한국어책의 비중을 조금씩 늘려 현재는 5대 5 정도를 유지하고 있다. 비율을 보면 알겠지만 어렸을 때는 영어를 더 많이 접하게 하였다. 모국어 환경은 얼마든지 접할 수 있지만, 영어 환경은 일부러 만들어주지 않는 한 접하기 어려울 거라는 계산에서였다. 물론 특정한 기준이 정해져 있는 것은 아니니 아이의 반응을 보면서 아이에게 맞게끔 정해나가는 것이 좋다.

파닉스는 자연스럽게 접하게 하자

파닉스 Phonics란 언어의 문자소(文字素)와 대응되는 음소 간의 관계에 따른 발음 중심의 언어지도법으로, 읽기 능력을 습득하기 위해서는 소리의 관계를 이해해야 한다는 이론이다. 파닉스를 잘 활용하면 쓰기에도 많은 도움이 된다고 한다.

영어 교육 전문가와 학자들의 이야기를 참고하면 파닉스를 따로 익히는 것과 익히지 않는 것은 각각 장단점이 있다고 한다. 파닉스를 익혀 두면 영어의 소리를 읽는 법을 알게 되기 때문에 처음 보는 단어도 어느 정도 읽을 수 있게 된다는 장점이 있다. 예를 들어

'face'와 같은 형태의 단어를 읽을 때 모음 부분을 '에이'로 읽는다는 법칙을 익혀두고 나면 새로운 단어인 'vase'를 접하더라도 '에이'라고 읽는 법을 적용하여 '베이스'라고 읽을 수 있게 되는 것이다.

그러나 이러한 법칙들이 모든 단어에 적용되는 것도 아니고 예외도 많기 때문에 파닉스를 익힌다고 해서 읽기가 완전히 해결되지는 않는다. 그래서 파닉스 학습에 많은 시간을 투자할 필요가 없다고 이야기하는 전문가들도 있다.

또한 영어를 처음 접하는 나이가 몇 살이냐에 따라 파닉스를 익히는 것이 효과적일 수도 있고 아닐 수도 있다. 만약 영어를 남들보다 뒤늦게 시작해서 읽는 법을 빠른 시간 안에 터득해야 한다면 굳이 이 학습법을 차단할 필요는 없을 것이다. 그러나 일반적으로 유치원에서 초등학교 저학년 정도의 아이들이라면 파닉스를 지나치게 강조하는 것보다는 그냥 영어책을 골고루 많이 읽게 하는 것이 좋다.

찬송이는 지금까지 파닉스를 따로 배운 적은 없다. 다만 유아 시절 서점에서 파닉스 학습서가 눈에 띄어 호기심에 구입한 적은 있었다. 한 번 훑어본 정도였지만 아주 기초적인 수준이어서 더 이상 관심이 가지는 않았다.

찬송이는 어릴 때부터 영어책을 많이 읽었기 때문에 단어를 습득할 때 소리의 관계에 대한 이론을 따로 이해할 필요가 없었다. 시청각 자료와 책 읽기를 통하여 자연스럽게 익혔기 때문에 특별히 배울 일이 없었던 것이다. 국어도 한글 음소의 원리를 이용하여 익힌 것이 아닌 것처럼 영어도 모국어와 같은 원리로 접근하려고 하였다. 학습과 이론 위주로 접근하는 것은 영어에도 한국어에도 적용하고 싶지 않았다.

파닉스를 익히는 것은 나쁘지 않겠지만 가능하면 영어책을 통하여 자연스럽게 익혀 나가는 과정을 추천하고 싶다. 굳이 법칙을 먼저 익히지 않더라도 영어책을 풍부하게 읽다 보면 자연스럽게 읽을 수 있게 되기 때문이다.

Reading + Speaking Start

입으로 읽고 말로 표현하게 하기

첫 책은 시청각 자료 내용과 매치시키자

    찬송이는 영유아기에 영어 비디오로 물꼬를 튼 다음 영어책을 접하였다. 즉 '읽기→시청각 자료' 순이 아닌 '시청각 자료→읽기' 순이었다. 이렇듯 충분한 시청각 노출에 의해 어휘력이 풍부해진 상태에서 영어책을 읽어주면 파급 효과가 크다.

    특히 영유아기 때 시청각으로 뇌에 입력된 이미지들을 다시 책을 통해 접하면 반복 학습이 되기 때문에 놀라울 정도로 흡수력이 높아진다. 찬송이도 비디오를 통하여 알파벳, 숫자, 색깔, 모양 등 기초적인 어휘들을 노래와 함께 화면으로 보고 듣고 익힌 다음 같은 내용을 영어 그림책으로 연계해 주었을 때 굉장히 신기해 하면서 집중했다.

특히 비디오와 함께 딸림 자료가 있는 교재들이 대체적으로 효과가 컸다. YBM 시사영어사의 〈디즈니 영어교실〉은 아이가 첫돌이 되면서부터 시청각 자료로 활용했는데, 비디오를 시청한 다음 책을 보여주자 글자보다 그림에 더 흥미를 보였다. 좀 더 시간이 흐르고 나자 글자와 그림을 매치시킬 수 있게 되었다. 이 과정은 찬송이가 영어를 습득하는 데 많은 도움이 되었다.

아이가 시청각 자료를 통해 먼저 익힌 내용들을 영어 그림책으로 이어준다면 거부감 없이 영어책을 즐기게 할 수 있다. 시청각으로 재미있게 보고 들었던 것들이 다른 방법으로 눈에 들어왔을 때 '저기서 봤던 건데 여기에도 나오네?' 하며 시선을 집중시키고 다시금 흥미를 갖게 되기 때문이다.

엄마의 목소리로 읽어주자

책과 스스럼없이 지내는 환경을 만들어주었기 때문인지 찬송이는 책 읽는 것을 즐거워하고 읽는 속도도 빠른 편이었다. 또 여덟 살 무렵까지도 한글책, 영어책 관계없이 자기 전에 엄마가 직접 책 읽어주는 시간을 손꼽아 기다릴 정도로 좋아하였다.

아이들은 충분히 글을 읽을 수 있게 되어도 엄마의 목소리로 듣는 것을 좋아한다. 적어도 초등학교 저학년 정도의 나이까지는 자기 전에 엄마가 책을 읽어주는 것이 아이의 독서습관에 긍정적인 영향을 미친다.

나는 자기 전 찬송이와 함께 누워서 아이가 스르르 잠들 때까지 영어책을 읽어주는 날이 많았다. 그런 날에는 꿈도 영어로 꾼다는 이야기를 종종 하였다. 그리고 내가 책을 읽어줄 때에는 단지 본문만 읽어주고 끝내는 것이 아니라 책의 내용에 관해 여러 가지 이야기를 나누었다. 책의 주제에 관련된 대화들과 그로부터 파생된 일상생활 이야기까지 형식에 구애받지 않고 거의 매일 수다에 가까운 '독서토론'을 하는 시간을 가졌다.

엄마와 아이가 자유자재로 영어회화를 할 수 없다면 좀 더 많은 책을 읽어주는 것이 큰 도움이 될 것이다. 엄마의 발음이 완벽하지 않더라도 아이와 충분히 교감을 하면서 문장에 멜로디를 실어보기도 하고 동물과 식물의 목소리가 되어보기도 하는 것이다.

찬송이는 블로그를 통해 '영어책을 읽어주는 아이'로 활동하며 또래 친구들이나 동생들에게 영어책을 읽어주고 있는데, 동화 구연하듯이 내용에 몰입하여 주인공이 되기도 하고 책 속의 동물이 되어 동작이나 소리를 흉내 내며 책을 읽어준다. 어릴 때부터 엄마와 함께 영어책을 읽는 습관에서 나온 좋은 결과물이라고 할 수 있다.

책 선택권을 아이에게 넘기자

　영아기에는 엄마의 관점에서 책을 선택하게 되지만 아이와 함께 서점이나 도서관에 갈 수 있는 시기부터는 아이 스스로 책을 고르게 하는 것이 좋다. 아이마다 성향이 다르듯 호기심을 유발하는 책도 저마다 다르기 때문이다.

　수많은 책들 중에 유독 내 아이가 관심있어하는 책이 있을 것이다. 영어책을 고를 때에도 영어 비디오에서 보았던 단어가 들어간 책을 먼저 집기도 하고 자신이 좋아하는 색깔이 있는 것을 선택하기도 한다.

그리고 나이가 들어감에 따라 아이의 관심사도 변한다. 영어 비디오나 영어 채널을 통해 익숙해진 단어가 보이면 반가워서 더 갖고 싶어한다. 간혹 자신이 읽을 수 있는 것보다 조금 어려운 책을 선택하는 경우도 있을 수 있는데, 지금 당장 읽기 어려운 책이라 하더라도 어차피 나중에는 읽을 수 있을 것이므로 "이 책은 안 돼."라거나 "이건 네가 읽기에 너무 어려운 책이야." 같은 말로 아이의 마음을 다치게 하는 일이 없어야 한다.

서점에 함께 가면 주로 아이가 갖고 싶어하는 책 위주로 선택하게 하되, 엄마가 골라주고 싶은 책이 있다면 반드시 아이에게 먼저 보여주면서 호기심을 유발시키자. 다만 아이가 갖고 싶다고 하는 책을 다 사주지 못하는 상황에서 아이가 갖고 싶어하는 책과 엄마가 사주고 싶은 책이 서로 다를 경우에는 이해할 수 있도록 충분히 설득해야 한다.

나는 찬송이가 아주 어릴 때에도 일방적으로 결정하거나 내가 원

나는 아주 어릴 때부터 찬송이에게 책 선택권을 넘겨주었다. 엄마가 골라 준 책보다는 직접 고른 책에 더욱 집중할 수 있을 거라 생각했기 때문이었다. 예상대로 찬송이는 직접 고른 책을 읽을 때는 누가 불러도 모를 정도로 집중하곤 했다.

하는 것을 아이에게 강요하지 않았다. 무언가를 고르고 선택해야 할 때 아이의 관심사와 선택을 존중했고 가능한 한 따라주는 방향을 원칙처럼 여겨왔다. 지금까지 아이에게 보여주지도 않고 나 혼자 책을 골라서 계산대로 가져가는 일은 없었다.

다만 경제적인 사정 때문에 찬송이가 갖고 싶어하는 책을 다 사줄 수 없거나 다소 고가의 물건을 골랐을 때에는 "찬송아, 이건 다음에 꼭 사줄 수 있도록 노력할게. 오늘은 엄마가 사줄 수 있는 다른 것을 선택하면 어떨까?" 하고 설득하였고, 아이가 고민 끝에 다른 것을 고르면 "다음에는 찬송이가 갖고 싶어했던 것을 사줄 수 있도록 엄마가 최선을 다해볼게. 우리 착한 딸, 우리 딸은 역시 최고야!" 하면서 칭찬을 해주었다.

직접 고른 책은 엄마가 일방적으로 사다 안긴 책보다 훨씬 더 많은 호기심을 불러일으킨다. 또 자신의 관심사에 맞게 고른 것이기 때문에 학습 의욕을 고취시켜주기도 한다. 지금은 어느 한 부분에 꽂힌 나머지 그와 관련된 책들만 보려고 드는 아이들도 시간이 지나면 관심사가 넓어짐에 따라 책을 선택하는 안목도 넓어진다. 엄마의 조바심으로 아이를 채근하기보다는 한 발짝 뒤에 서서 기다려주는 혜안이 필요하다.

찬송이가 원어민에 가까운 완벽한 영어 발음을 구사하게 된 것은 엄마의 발음과는 전혀 상관이 없다. 내 발음은 어설픈 한국식 '콩글리시' 발음이지만, 나는 영어책을 읽어줄 때에 발음이 좋지 않다는 것에 대한 강박관념은 별로 갖지 않았다. 아기 때부터 비디오와 영어채널을 통해 원어민 발음을 끊임없이 들었기 때문에 엄마의 발음이 아닌 원어민의 발음을 따라갈 것이라고 생각했기 때문이었다.

오히려 엄마의 발음이 완벽하지 않은 것이 아이에게 더 다행이지 않았나 싶다. 엄마의 발음을 따라 하지 못한다며 아이를 야단치거나 지적하는 일도 없었고 아이가 자신감을 잃거나 흥미를 잃는 일도 일어나지 않았으니 말이다.

발음이 좋고 영어를 잘하는 엄마라 하더라도 학습 주도권을 아이가 가질 수 있도록 '알아도 모르는 척' 자제하고 칭찬을 듬뿍 담아 코치하는 배려가 필요하다. 어학은 자신감을 잃으면 발전하기 힘들기 때문이다.

엄마의 영어 실력이 다소 부족하더라도 엄마가 조금만 지혜를 발휘하면 아이는 얼마든지 언어 영재가 될 수 있다. 실력 없는 엄마를 뛰어넘어 발전할 수 있는 여지를 줄 수 있기 때문이다. 그러니 주눅 들지 말고 소리 높여 읽어주자. 내 아이에게 나는 살아 있는 CD이자 영어 비디오나 마찬가지니까 말이다.

남에게 가르치면서 배우게 하자

찬송이가 만들고 내가 관리 중인 찬송이의 블로그 이름은 '영어책을 읽어주는 아이 서찬송'이다. 이유인즉슨 일주일에 2~3번 정도 블로그에 찬송이가 영어책을 읽어주는 모습을 촬영한 동영상을 올리기 때문이다. 찬송이보다 어린 친구들이나 또래 친구들이 그 동영상을 보고 자극을 받아 영어 공부를 열심히 하고 있다고 하니 참 보람된 일이 아닐 수 없다.

시작은 아주 미미한 것이었다. 찬송이는 EBS〈모여라 딩동댕〉에 출연하면서 동료 출연자인 친구들과 동생들을 여럿 사귀게 되었는데, 거의 하루 종일 녹화를 하다 보니 중간에 대기하는 시간이 많았다. 어느 날부턴가 찬송이는 녹화 중간 중간 아무것도 안 하고 기다려야 하는 시간이 심심하고 아까웠던 모양이었다. 자신이 어렸을 때 학습하던 영어책을 문구점에 가지고 가서 그중 몇 페이지를 아이들의 수대로 복사해왔다.

"엄마, 이걸 친구들이랑 함께 읽으면 시간도 금방 가고 재미있을 것 같아."

그때부터 찬송이는 복사물을 촬영장에 가지고 가서 친구들과 동생들에게 나눠준 다음 촬영시간 틈틈이 동화 구연하듯이 읽어주기 시작하였다. 이것이 찬송이의 '영어 나눔'의 첫 시작이었다. 처음에는 낯설어하던 아이들도 어른이 아닌 또래가 읽어주니 부담도 없고 신기하기도 하고 머리에 쏙쏙 들어온다고 하였다. 엄마들도 그 모습을 신기해하며 찬송이처럼 영어를 잘할 수 있으면 좋겠다는 말씀을 해주셨다. 찬송이도 본인이 잘할 수 있는 것을 남들과 나누는 것이 무척 보람 있게 느껴진다고 하였다.

촬영장 한구석에서 시작된 찬송이의 영어 나눔은 점차 주변에 알려지기 시작하여, 몇몇 친구들이나 동생들에게 따로 시간을 내어 영어를 가르치거나 영어책을 읽어주는 것으로까지 발전하게 되었다. 2010년에는 열두 살의 나이로 열 살 동생에게 영어를 가르쳐 주는 장면이 KBS〈아침 뉴스타임〉에 보도되는 등 영어 나눔을 하는 아이로 매스컴을 타기 시작하였다.

 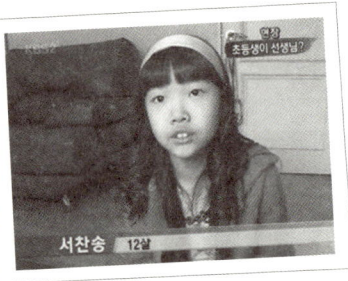

촬영장 한구석에서 조그맣게 시작된 찬송이의 영어 나눔은 주변 아이들을 직접 가르쳐줄 정도로까지 발전이 되었고, 2010년 초 KBS 〈아침 뉴스타임〉에 '초등학생이지만 어엿한 선생님'이라는 주제로 소개되기도 했다.

그 이후로 지금까지 주변 친구들이나 블로그를 통해 알게 된 동생들과 직접 만나거나 혹은 전화 통화를 통해 '영어책을 읽어주는 아이'로 활동하고 있다. 영어책 읽는 동영상도 직접 촬영하여 블로그에 지속적으로 올리고 있는데 이 동영상을 보며 언니, 친구, 동생들까지도 자극을 받아 도전의식을 느끼고 억지로 하던 영어에 재미를 느끼게 되었다는 감사의 메시지를 받곤 한다.

영어책을 읽어주는 찬송이의 동영상을 보며 영어에 재미를 붙이게 된 은우라는 유치원생은 매일 동영상을 보며 흉내를 내다가 유치원에서 하는 영어 발표회에서 상도 여러 번 받았다고 한다. 은우 어머니는 블로그를 통해 다음과 같은 글을 전해주었다.

<Silly Sally>라는 책을 검색하다 찬송 양이 읽어주는 동영상을 보게 되어 이렇게 글까지 남기게 됐어요. 우리 집 꼬마 아이가 찬송

이 누나가 들려주는 〈Silly Sally〉를 매일같이 두 번씩 본답니다. 찬송이 누나의 열렬한 팬이 되었거든요. 지난번에 부탁해서 읽어주신 책은 우리 아이 발음에 아주 좋은 영향을 주었답니다. 특히 'buffalo' 발음이 정말 끝내주게 좋아졌어요. 입 모양을 보면서 책을 보게 하니 저절로 발음도 좋아지더라고요. 9월 영어 발표회에서 당당히 1등을 했답니다. 찬송 양의 영향이 컸던 것 같아요. 고맙다는 인사하러 왔어요.

다른 사람에게 가르치는 시간은 또한 자기가 배운 것을 복습하고 그 지식을 확실하게 자기 것으로 습득할 수 있는 시간이기도 하다. 그래서 찬송이는 남에게 나누어주는 것을 단순한 나눔이 아닌 자신을 한 단계 업그레이드시킬 수 있는 소중한 기회로 여기고 있다.

Listening + Reading Level up

어휘력 확장과 표현력 발전에 주력하기

레벨업의 기준은 '아이의 눈높이'다

앞서 언급했던 것처럼 찬송이는 아주 어릴 때 'Blue'라는 단어에 몹시 집착했던 적이 있었다. 지금이야 웃으면서 이야기하지만 그때 당시에는 '아이가 영원히 다른 주제에 관심을 갖지 않으면 어쩌나' 하고 심각하게 걱정을 하기도 했었다. 하지만 다행히 나이를 먹어감에 따라 자연스럽게 관심사가 다양해져 다른 주제에도 폭넓은 관심을 쏟게 되었다.

어린아이들은 관심이 가는 어떤 것에 대해 완전히 파악하고 넘어가려는 성질을 갖고 있다. 책도 마찬가지여서 한 권을 다 뗄 때까지

아이에게 무언가를 가르치거나 레벨업을 시켜야 할 때 가장 중요한 것은 아이의 수준을 고려해야 한다는 것이다. 아이가 뒤처질까 염려하여 실제 수준보다 높은 교재를 사준다든지, 억지로 레벨업을 시키려 드는 것은 절대 금물이다.

반복해서 읽곤 한다.

그러다 유치원 이후의 나이가 되면 비로소 여러 책으로 호기심이 분산되어 비슷한 수준의 많은 책들을 읽게 된다. 반복되어 익숙해진 어휘들은 확실하게 자기 것으로 만들고, 동시에 또 다른 여러 책들을 통해 새로운 어휘들을 자연스럽게 습득해나간다. 뿐만 아니라 시청각 자료를 꾸준히 영어 그림책과 영어 학습서로 연계시켜 주면 아이의 이해력과 어휘력은 몰라보게 늘어간다. 이 과정이 바로 자연스러운 레벨업이다.

이런 자연스러운 레벨업이 일어나기도 전에 다른 아이들과 비교하며 내 아이가 뒤처지면 안 된다는 생각에 아이 수준에 맞지 않는 책을 일방적으로 강요하는 것은 금물이다. 가장 좋은 것은 자연스럽게 수준이 올라갈 때까지 지켜봐주는 것이지만, 부득이 한 단계 높은 수준으로 레벨업을 시켜주고 싶다면 그 기준은 부모의 기대치가 아닌 아이의 눈높이여야 한다.

지금 읽고 있는 수준의 책을 한 단계 높여갈 때는 부모의 도움 없이도 혼자 소화할 수 있는 책을 고르되, 한 페이지에 새로운 단어가 2~3개 이내인 것으로 고르는 것이 좋다. 갑자기 모르는 단어가 많이 나오면 아이가 흥미를 잃을 수 있기 때문이다. 새로운 단어가 버거울 정도로 많이 나오지 않는 이상 아이는 새로운 단어를 알아가는 것에 흥미를 느끼게 된다. 시간이 지나고 나서 되돌아보면 엄마와 아이도 모르는 사이에 서서히 레벨업이 되어 다음 단계로 넘어가 있는 것을 확인할 수 있을 것이다.

또한 엄마가 말해주고 싶더라도 먼저 단어 뜻을 알려주거나 설명해주기보다는, 아이가 충분히 느끼고 생각하고 상상할 수 있게 해주는 것이 좋다. 아이가 먼저 갈 수 있게 한 걸음 늦게 가주는 것이다. 엄마가 단어와 문법을 알고 있더라도 조금 뒤로 빠져서 모르는 척 해줘야 아이가 스스로 체득해나갈 수 있다.

새 단어는 맥락을 통해 유추하게 하자

　생후 12개월이 넘었을 때 찬송이는 긴 문장으로 말하지는 못했지만 책에 나오는 단어와 짧은 문장들은 읽기 시작하였다. 정확히 말하면 읽는다기보다는 엄마가 읽어준 단어를 그림으로 기억하여 말했다고 해야 할 것이다. 그러다가 네다섯 살이 되었을 즈음에는 영어도 한글도 활자로 인식하여 자유자재로 읽을 수 있게 되었다.
　많은 책을 읽을수록 어휘력이 쌓여서 새로운 단어나 표현이 나와도 아이가 답답해하지 않았다. 새로운 어휘가 나오면 책 속의 내용과 그림을 통해 의미를 유추하여 파악해보는 때가 더 많았다. 처음부터 이런 방식으로 책을 읽었기 때문에 찬송이도 "이거 무슨 뜻이야?"와 같은 질문은 하지 않고 스스로 유추해 내려고 했다. 오히려 새로운 단어의 뜻을 짐작해보는 과정을 즐기는 것 같았다.

영어책을 읽으면서 모르는 단어가 나올 때마다 일일이 사전을 찾아가며 읽는다면 참 재미가 없을 것이다. 찬송이는 초등학교 나이까지는 처음 보는 단어를 암기하는 개념으로 익힌 적이 없다. 간혹 모르는 단어가 나올지라도 이야기 속에서 흐름을 찾아가며 자연스럽게 단어의 뜻을 유추해 알아가곤 했다. 지금도 찬송이는 영어책을 읽을 때 모르는 단어가 나오면 곧바로 사전부터 찾아보지 않고 문장 속에서 뜻을 유추하고 전체적인 내용과 함께 이해하려 한다.

엄마 생각에 '모르는 단어가 나오면 아이가 답답하지 않을까?' 싶어 자꾸 먼저 알려준다면 아이는 엄마에게 의존하려는 습관이 생길 수도 있다. 나이가 들어감에 따라 아이가 궁금해하는 것이 많아지는 시기가 오는데, 그때까지 엄마는 알려주고 싶더라도 꾹 참고 기다려주는 것이 좋다.

새로운 단어의 뜻을 유추하는 과정에서 그 단어의 사전적 의미를 조금 틀리게 이해할 수도 있지만, 또 다른 책을 통해 그 단어를 여러 번 만나다 보면 어느 순간 "아, 이게 이런 뜻이었구나." 하는 것을 자연스럽게 터득하게 된다.

간혹 아이가 완전히 다른 뜻으로 알고 있어서 제대로 알려줄 필요가 있다고 판단될 때에는 일방적으로 "그건 이런 뜻이야."라고 말해주기보다는 "우리 이거 한번 찾아볼까?" 하고 같이 사전을 찾아보는 것을 유도하였다. 이때 '아, 이 단어가 이런 뜻이구나'가 아니라 '이럴 때는 이런 단어를 쓰는구나'의 방식으로 익히는 것이 바람직하다. 그림이 나오는 영영사전을 활용하면 그 단어가 '어떤 뜻인지'가 아니라 '어떤 경우에 쓰이는지'를 통합적으로 이해할 수 있다.

어휘력을 확장시키는 가장 좋은 방법은 책을 많이 읽는 것이다. 비슷한 레벨의 책들을 읽다보면 같은 어휘가 다른 책에서도 반복적으로 나오는 경우가 많은데, 그럴 경우 '아, 이 단어가 이런 뜻이었지' 하면서 단어가 다시 한 번 머릿속에 각인된다. 그렇게 차츰 책 읽는 수준을 높여가면 보다 수준 높은 어휘도 능숙하게 구사할 수 있게 된다. 찬송이도 이와 같은 방식으로 어휘를 익혀 왔기 때문에 일반적인 학원 등에서 하는 방법처럼 한꺼번에 단어 암기를 하거나 암기한 것을 테스트하는 과정이 거의 없었다. 억지로 외우느라 스트레스받는 것이 아니라, 다독을 통해 새로운 어휘들을 자연스럽게 각인하는 즐거움을 추구하였다. 그래서 중학생 나이가 되기 전까지 찬송이의 영어는 초원에서 뛰노는 길들여지지 않은 야생마에 가깝다고 할 수 있었다.

그러다가 중학생 나이로 접어들면서부터는 흥미롭게 습득해 왔던 것들을 학습의 방식으로 전환하여 한 단계 업그레이드시키는 과정을 차근차근 밟아가고 있다. 다행스러운 것은 다른 아이들에 비해 이 과정을 다소 수월하게 진행해가고 있다는 점이다. 그간 다독으로 쌓인 많은 어휘들, 이곳저곳 탐험해 보면서 얻은 습득능력이 저력으로 자리매김한 덕분인 듯싶다.

> ### TIP
> ### 찬송이는 어떤 영영사전을 썼을까?
>
> 찬송이의 경우 궁금한 단어가 있으면 엄마와 함께 그림이 들어있는 영영사전을 찾아보곤 했다. 찬송이가 활용했던 영영사전 2권과 어린이들을 대상으로 만들어진 영영사전 중 추천할 만한 6권을 함께 소개한다. 미국 초등학생들을 위해 만들어졌지만, 우리나라에서는 중학생 정도까지도 사용할 만하니 참고하도록 하자.
>
>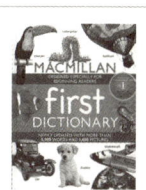
>
> | Scholastic Children's Dictionary | Collins First School Dictionary Skills | Macmillan First Dictionary | The American Heritage Children's Dictionary |
>
>
>
> | Webster's New World Children's Dictionary | Merriam-Webster Children's Dictionary | Merriam-Webster's Elementary Dictionary | Britannica Student Encyclopedia |

반복 읽기로 어휘력을 키우자

어렸을 때의 찬송이는 반복 읽기의 달인이었다. 보통 책 한 권을 끝까지 읽은 다음 다시 처음으로 돌아와 20번 이상 되풀이해 읽었을 정도였다. 매일 여러 종류의 영어책과 어린이 영어성경 등을 엄마와 함께 반복해 읽다 보니, 새로운 어휘는 물론이고 기초적인 문법적 표현들도 알아가게 되었다.

그렇게 2년 정도를 하고 나니 책은 너덜너덜해졌지만 찬송이는 책 속 문장을 줄줄줄 외울 정도로 내용에 익숙해져 있었다. 영어 비디오도 꾸준히 보았는데, 비디오에서 본 표현들이 책에도 나오는 등

서로서로 연결되다 보니 자연스럽게 어휘력이 쌓였다.

찬송이가 5~6살 때 읽은 책은 〈A Child's First Bible〉, 〈The Beginners Bible〉 등 성경에 나오는 인물들을 중심으로 만든 그림 동화책이었는데 한 페이지에 문장이 적게는 4~5줄 정도에서 많게는 9줄 되는 책을 한 챕터씩, 특별한 사정이 있지 않은 한 거의 매일 읽었다. 책을 읽을 때는 다음과 같은 순서로 진행하였다.

① 엄마가 먼저 전체적으로 읽어준다.
② 엄마가 한 문장을 읽어주면 찬송이가 따라 읽는다.
③ First day, Second day, Third day 같은 서수 표현을 문장 속에서 배운다.
④ Fiery Sun(불타는 태양), Sparkling Moon(반짝이는 달), Dancing Stars(춤추는 별들), Swaying Grasses(나부끼는 잔디) 같은 핵심 표현들을 반복해서 읽어본다.

모르는 단어라도 그림을 보면 그 뜻을 유추해낼 수 있다. 달이 환하게 빛나는 책 속 그림을 보며 'Sparkling moon'이라는 표현을 읽으면 'Sparkling'의 뜻이 '반짝이는'이라는 것을 짐작할 수 있는 것이다. 찬송이는 이런 식으로 새로운 어휘가 나와도 그림의 느낌과 분위기를 통해 유추하며 이해해 갔다. 처음 보는 단어라든가 기억하고 넘어가면 좋을 것 같은 표현에는 동그라미나 밑줄을 쳐주고 지나갔다.

어휘는 마음먹고 외운다고 해도 금세 잊어버리게 된다. 하지만 책을 읽는 과정에서 계속 맞닥뜨리면 외우기 싫어도 외워질 수밖에 없다. 단어부터 가르쳐야 한다는 생각은 하지 말고, 일단 많이 듣고 읽게 하자. 그러면 자연스럽게 어휘력도 확장될 수 있다.

문법, 굳이 가르칠 필요 없다

　우리나라 사람들은 문법을 먼저 배워버릇해서 그런지 다른 것은 차치하고서라도 문법은 꼭 배워야 할 것처럼 이야기한다. 하지만 사실 문법은 가르쳐줄 필요 없다. 듣기와 말하기, 읽기를 반복하는 과정에서 자연스럽게 깨닫게 되기 때문이다.
　문장에 과거 동사가 처음 나왔을 때는 굳이 설명을 따로 해주지 않고 지나갔는데, 여러 번 읽어주며 전체적인 내용과 함께 그 단어를 인지시켜주다 보면 신기하게도 아이는 그것이 과거의 이야기라는 것을 느낌으로 인식하였다. 문법적으로 과거형, 현재형을 가르쳐주지 않았음에도 문장 속에서 이건 옛날의 이야기구나, 이건 지금의 이야기구나 하는 것을 자연스럽게 느끼고 있었던 것이다. **책을 많이 읽어주고 많이 듣게 하다 보면 이처럼 문법적 요소들도 전체적으로 자연스럽게 인지하게 된다.**

다만 책에 새로운 문법적 표현이 나오는 경우, 예를 들어 모음 앞의 'The'는 '더'가 아니라 '디'로 발음해야 하는데 아이가 그것을 자꾸 잊어버리고 '더'로 읽을 때에는 "찬송아, 이 단어는 모음으로 시작하니까 '더'라고 하면 안 되고 '디'라고 읽어야 해."라는 식으로 우리말로 약간의 설명을 덧붙여주면서 한 번쯤 체크를 해주고 지나갔다.

한 챕터를 다 읽고 나면 아이의 생각과 느낀 점을 나누고 그 책의 내용을 토대로 미래의 나도 이렇게 훌륭한 인물이 되어 많은 사람들에게 도움을 줄 것이라는 다짐의 시간을 가졌다.

일곱 살부터 아홉 살까지는 〈The Beginners Bible〉, 〈My Book of Prayers〉 등의 책을 반복해서 읽으며 다음과 같이 진행하였다.

---

① 찬송이가 읽는다.
② 문장 속에서 복수형을 익히고, 하나 이상의 숫자가 나오면 s를 붙인다는 것을 문장 속에서 확인한다.
  ex) There were many wonderful animal<u>s</u>.
      Tasty fruit grew from many of its tree<u>s</u>.
③ 고유명사에는 대문자를 쓴다는 이야기를 해준다.

ex) You will call him John.

④ 모음 앞에서는 the를 '더'로 읽지 않고 '디'로 읽는 것을 확인한다.

ex) The angel said ~~

⑤ 생소한 단어는 한글로 해석해주지 않고 어린이 그림 영영사전을 함께 찾아 읽어본다.

ex) glide : to move smoothly and easily

⑥ 발음하기 어려운 인물 이름을 다시 한 번 읽어본다.

⑦ 문장 전체가 술술 읽힐 만큼 반복해서 읽어본다.

⑧ CD의 발음을 들으며 익힌다.

이런 식으로 매일 한 챕터씩 책을 끝까지 읽은 다음에는 다시 처음으로 되돌아가 읽어 나갔다. 두 번째 이후부터는 처음 읽을 때 표시했던 것들을 한 번씩 더 짚어가며 읽어 다시 각인되게끔 하였다.

문법을 따로 배운다면 아마 지루해서 견디지 못할 것이다. 하지만 찬송이가 한 방법대로 자연스럽게 습득될 것을 믿고 접근한다면 어느 순간 스스로 문법을 깨우치고 있는 아이를 발견할 수 있을 것이다.

STEP 4

Writing Start

하고 싶은 말을 영어로 써보기

쓰기는 아이가 원할 때 시키자

찬송이가 글자를 모르던 시절, 자연스럽게 눈으로 글자를 익힐 수 있게 하기 위해 아이의 시선과 동선 안에 알파벳 시트를 붙여놓고 자주 접하여 자연스럽게 눈으로 익힐 수 있도록 해주었다.

때로는 눈에 익숙한 알파벳을 짚어가며 게임을 하기도 하였다. 리듬을 실어 "찬송아, B, B, B~ B가 어디 있을까?" 하면, 찬송이가 까르르 웃으며 B를 손으로 가리킨다. 그러면 "우와! 맞았다! 정말 정말 잘한다." 하면서 칭찬해 주었다. 이 시기가 갓 돌이 지났을 무렵이었는데 시청각 자료와 미니북으로 이미 습득된 것을 확인하며 즐기는 차원이기도 하였다. 알파벳을 익힐 때도 알파벳 노래나 영어 비디오를 통해 즐기면서 자연스럽게 알아갔다.

찬송이의 한글쓰기와 영어쓰기는 거의 동시에 시작되었는데, 다섯 살 때 그림 그리듯이 따라 쓴 것이 그것이었다. 그때의 글자 따라 그리기 이후 찬송이의 쓰기 실력은 나날이 발전했다. 나는 이때를 아이 스스로 써보고 싶어 할 때, 즉 '쓰기 학습의 적기'로 보았다.

쓰기라고 해서 뭔가 거창하게 시작한 것은 아니었다. 처음에는 자기가 쓰고 싶은 이야기를 한 줄만 써 보다가 서서히 두 줄, 세 줄로 늘려갔다. 처음부터 문어체로 쓴 것이 아니라 자기가 말할 수 있는 것을 구어체 그대로 옮긴 것이 쓰기의 초기 단계였다. 말로 할 수 있는 것을 노트에다 옮겨 보는 정도로 시작한 것이다.

이때는 문법적 요소가 틀려도 신경 쓰지 않았다. 따로 첨삭을 해주지 않았기 때문에 형용사, 부사, 시제일치 같은 것들이 맞지 않는 부분들이 있었고 스펠링이 틀리기도 했으나 찬송이가 쓴 것을 보며 칭찬을 듬뿍 해주었고 아이가 으쓱해 할 수 있도록 북돋워 주었다. 엄마에게 칭찬받는 것에 대한 기대감을 높여주자 쓰기에 대한 즐거움도 커져서 점점 더 많은 글을 써 나갔다.

그러다 여덟 살이 되면서 나름대로 영어로 일기도 쓰고 편지도 써 보는데 자신의 생각과 느낌이 자유자재로 표현되지 않자 불편함을 토로하기 시작하였다. 그래서 2개월 정도 학원에 다니며 원어민 교사의 도움을 받았다. 기본적인 틀을 배우고 나니 쓰는 것에 좀 더 자신감을 얻은 모양이었다. 그 후 집에서 여러 종류의 영어 학습서를 통해 쓰기 공부를 다시 이어갔다.

학원 수강 기간이 짧았음에도 단기간에 많이 발전할 수 있었던 것도 그동안 듣기와 읽기가 쌓여 있었던 덕분이다. 쓰기는 어느 날 갑작스럽게 잘하게 되는 것이 아니라 듣기와 읽기가 충분히 뒷받침이 되어 있을 때 가능한 것이기 때문이다.

찬송이가 영어를 접한 기간은 보통 아이들에 비해 긴 편이었지만 학습적인 접근을 한 기간은 다른 아이들보다 짧았다고 할 수 있다. 하지만 결과적으로는 학습적인 접근이 길었던 아이들보다 더 많은 효과를 얻을 수 있었던 것 같다. 아마도 오랫동안 지속해 온 듣기와 다독으로 인지된 어휘력과 문장력이 바탕이 되어 있었기에 가능하지 않았을까 싶다.

서툴더라도 절대 고쳐주지 말자

듣기, 읽기, 말하기가 어느 정도 되면 쓰기도 자연스럽게 될 수 있다. 문제는 문법적인 정확도를 잡아가는 부분이다. 그래서 흔히 쓰기 연습이라 하면 첨삭을 받으며 틀린 부분을 정정하는 것에 초점을 맞추기 쉽다.

하지만 부모의 섣부른 정정이나 첨삭은 아이의 학습 의욕을 저하시키거나 흥미를 가로막아 영어 자체를 포기하게 할 수도 있다. 물론 엄마는 아이가 틀린 부분에 대해 고쳐주고 싶고 잔소리도 하고 싶을 것이다. 그러나 처음부터 자꾸 혼나고 지적을 당하면서 시작한 아이는 기가 죽어서 매번 엄마의 눈치를 살피게 되고, 최악의 경우 영어에 흥미를 잃게 될 수도 있다. 그래서 부모가 첨삭해줄 수 있는 능력이 있다 하더라도 굳이 첨삭해주지 않는 것이 더 나을 수 있다는 생각이 든다.

초등학교 연령까지는 영어로 글을 써보는 것에 대한 흥미를 유발하고 동기를 부여해주는 것이 더 중요하기 때문에 아이가 자유롭게 습작해보게 하는 것에 중점을 두어야 한다. 틀린 부분을 다시 생각해보도록 하거나 사전을 찾아보게끔 살짝 유도만 하고 뒤로 빠져주는 정도까지는 괜찮겠지만 일일이 고쳐주며 지적을 할 필요는 없을 것 같다. 그 대신 그동안 보고, 듣고, 읽었던 어휘와 표현들을 총동원하여 자기가 하고 싶은 이야기를 영어로 토해 내는 것에 의의를 두고, 쓰기를 아이의 창의성과 상상력을 펼칠 수 있는 기회로 삼는 것이 좋다.

어려서부터 학원에 다니며 단어 암기, 쓰기 훈련을 전문적으로 해온 아이들에 비하면 찬송이는 많이 부족했을 것이다. 그러나 남의 시선을 신경 쓸 필요도 없었고, 지금 당장 아이가 문법적으로 부족한 글을 쓰고 있거나 세련되고 고급스러운 단어를 적절히 사용하는 기술이 조금 부족하다 하더라도 그리 급하게 생각할 일은 아니었다. 그것 때문에 아이에게 스트레스를 주고 싶지 않기도 했다.

찬송이는 엄마에게 지적을 당하지 않았기 때문에 영어로 쓰는 것 자체를 부담스러워하거나 불편하게 느끼지 않았고 항상 본인의 수

준과 눈높이 그대로 영어를 거리낌 없이 써 나갈 수 있었다. 처음에는 실수도 많이 하였지만 영어책을 꾸준히 읽고, 영화를 보고, 영어 채널을 시청하고, 다양한 영어 학습서로 엄마와 함께 공부하면서 자신이 실수했던 부분을 점진적으로 깨닫고 스스로 바로잡아가는 모습을 보였다. 시간이 흐른 뒤인 요즘은 본인이 예전에 썼던 영작 노트나 영어일기들을 보며 "내가 이렇게 썼었어?" 하면서 웃음을 터뜨리기도 한다.

 엄마가 교정해주지 않아도 아이는 스스로 점차 단계를 높여간다. 지나친 첨삭으로 아이를 속박하기보다는, 자유롭게 뛰어놀듯 영어일기, 에세이 등 다양한 주제로 글을 쓸 수 있도록 격려해주자.

글과 그림으로 일상을 표현하게 하자

자기의 주장과 생각을 글로 옮겨 보기에 가장 적절한 것이 영어일기 Journal 이다. 영어일기 쓰기를 언제부터 시작해야 하는지는 객관적으로 어느 시기라고 짚어 말할 수는 없을 것이다. 아이 개개인의 영어 실력과 아이의 눈높이를 고려해 선택하는 것이 중요하다.

찬송이는 일주일에 3번 정도만 영어일기를 썼다. 자기가 쓰고 싶은 대로 자유롭게 쓰다 보니 그때마다 길이가 달라서 어느 날은 길게 쓸 때도 있었고 어느 날은 짧게 쓰기도 하였다. 다음은 찬송이가 아홉 살 때 썼던 짧은 영어일기다.

> 9/14/2007
> Hello nice to meeet you.
> What do want to be? I want to be a TV Star☆.
> yoo too or not?! bye.

meet를 meeet라고 실수하는 등 일기라기보다는 자기 생각을 짤막하게 제멋대로 써보는 정도였지만 나는 굳이 지적하거나 고쳐주려 하지 않고 내버려두었다. 그러다가 문장 수가 조금씩 늘기 시작하여, 열 살이 되던 2008년에는 다음과 같은 영어일기를 썼다. 이것 역시 그야말로 스펠링이나 문법, 형식에 구애받지 않고 자유롭게 써 나간 것이다.

> 9/4/2008
> Hi today I was very happy because I just played with Sky and Ocean It was very fun! Todat I leand many thing!! I'd liked it.
> Tomarrow I will go French School I wait for "Four" years! I am so exited! Year ~!!!
> Today I think many things but I will don't tell you I seen a TV Show and It was funny I like my School very much I want to stay untill 5:30 pm! Now finish my Diary bye~

국제학교에 다닐 때 학교의 원어민 선생님이 최소한의 교정을 해주신 경우도 있다. 다음은 2008년 10월 19일에 자신의 롤모델이 오프라 윈프리라는 이야기를 영어로 써본 것이다.

> 19/10/2008
>
> My Role Model is Oprah Winfrey, because When She was young. she <u>were</u> poor but She became a Star. I like that part. (Ha Ha) I want to be like her. I am sad but I can like her Yeah so with her mind She wake up. so she became hundreds of <u>pans</u> Cheering her.

몇 군데 찬송이가 실수한 부분을 선생님이 아래와 같이 고쳐 주셨다.

> 19/10/2008
>
> My Role Model is Oprah Winfrey, because When She was young. she <u>was</u> poor but She became a Star. I like that part. (Ha Ha) I want to be like her. I am sad but I can like her Yeah so with her mind She wake up. so she became hundreds of <u>fans</u> Cheering <u>for</u> her.

이처럼 초기에는 문법도 완벽하지 않고 스펠링이 틀리기도 했음을 알 수 있다. 그러나 이때 기억해야 할 것은 영어일기가 틀린 것을

 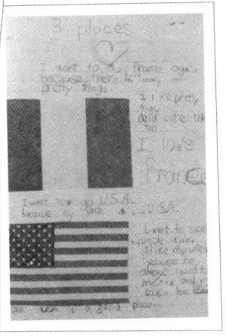

찬송이가 썼던 영어 일기. 스펠링도 틀리고 문법도 맞지 않는 등 엉터리인 부분이 많다. 하지만 틀린 것을 지적해주기보다는 영어로 무언가를 썼다는 것 자체를 칭찬하고 격려해주는 데 초점을 두었다.

고치는 훈련이 아니라는 점이다. 아이들에게 영어일기는 영어로 그림을 그리는 공간, 상상 놀이터, 창의력을 숙성시키는 공간이라고 생각하는 것이 바람직하다.

읽은 책에 대해 말하고 쓰게 하자

찬송이는 열 살부터 오럴 리포트Oral Report와 북 리포트Book Report를 하기 시작했다. 오럴 리포트는 영어책을 읽은 후 독후감을 말로 해보는 것이고, 북 리포트는 글로 써보는 것이다. 읽은 책을 모두 독후감으로 쓰기는 힘들기 때문에 일주일에 한 권 정도만 영어로 써보고 다른 책들은 구두로 이야기를 나누었다. 열 살 때부터 열두 살까지는 오럴 리포트를 더 많이 활용하였지만, 열세 살부터는 글쓰기 능력 향상을 생각해야 하기 때문에 일주일에 1회 정도는 북 리포트를 쓰자고 아이와 의견을 모았다.

맨 처음에는 다음과 같은 방식으로 자기가 읽은 영어책에 대해 자유롭게 이야기하는 식으로 시작했다.

엄마 : 찬송아! 이 책을 읽고 느낀 점은?
찬송 : 시간의 중요성을 알 수 있었어. 앞으로 시간을 아끼고 잘 활용해야겠어.
엄마 : 여태까지는 시간을 잘 활용하고 있었다고 생각해?
찬송 : 아니.
엄마 : 이제부터 시간을 잘 활용할 수 있을 것 같아?
찬송 : 응! 노력해 봐야지.
엄마 : 이제 줄거리를 이야기해볼까?
찬송 : 어느 날 주인공인 밀로는 이상한 소포가 집에 도착해 있는 것을 보게 됐어. 그 안에는 신기한 톨부스가 들어 있었는데, 그걸 조립하니까 갑자기 톨부스 안에서 이상한 빛이 나왔지. 밀로는 너무 궁금해서 안을 통과했는데 섬이 나왔어. 섬의 이름은 conclusion! 그 안에서 Ticking과 같이 Rhyme and Reason 나라를 구하러 여행을 떠나. (…중략…) 밀로는 여행을 마치고 나서 시간의 중요성과 가르침에 대해서 배웠어.

오럴 리포트를 할 때에는 이처럼 자기가 읽은 책의 내용이나 줄거리를 말하고 이 책을 통해 느낀 점을 형식에 구애받지 않고 엄마에

게 이야기하되, 줄거리나 느낌을 영어로 말해보도록 했다. 일주일에 두세 번 하되 강제적으로 하지는 않았다.

때로는 아이가 영어로 이야기하는 것을 다 이해하지 못하는 경우도 있었다. 그래도 열심히 들어주면서 "아, 그랬구나."라든지 "우리 딸 표현도 너무 좋고 말도 참 잘한다."와 같이 칭찬해주었다.

북 리포트는 독후감 형식이라고 생각하면 된다. 처음 시작은 책의 줄거리를 써 보는 정도로 시작하였다.

> The Surprise party
>
> It was Sunday in the land of was a Sand, and there was a Mummy family that lived there. Daddy Mummy kids Tut and sis, were making some painting and a bunch of mess. Mummy Mummy was buck from Memphis mall The Mummy Mummy said "There was a terrific sail on a Isis store. I bought a nice card for Grand-Mummy and Grand-Daddy." Daddy Mmmy said "Don't you remember? It's their wedding aniversory next weekend. They have been maddied for, let me see … yes exactly five thousand years?" "Five thousand years!!?" yelled Daddy Mummy. "Why, that means … they're even Older, we thought", said tut. We will make a party or something … said Daddy Mummy -The End-

일반적인 Writing보다는 글 양이 많아 보이지만 사실은 대부분이 책의 내용을 그대로 간추려 쓴 정도다. 초보적인 수준의 북 리포트였다고 할 수 있다. 그러나 꾸준히 연습해 1년 후인 2009년에는 다음의 밑줄 친 부분에서 볼 수 있듯이 책의 줄거리만 간추린 것이 아니라 자기 나름의 감상도 덧붙일 수 있게 되었다.

Title : The Pizza Monster
Author : Marjorie Weinman

Olivia Sharp was looking down in the Ocean. There was a call. Ducan has called. So she went to Ducan's home. Ducan said to Olivia Sharp. "I lost my friend Desiree's house. So She went to Desiree's house. There was pizaa every where she think it was bizarre."
This story is very interesting because the title was very good, and mysterious. So I like this story. The character was very smart and it was very fun. I will read this book many time.

일반적으로 독후감을 쓸 때는 다음과 같은 구조 Structure로 구성하면 좋다고 한다.

- 도입부
① 책을 읽게 된 동기나 책을 처음 대했을 때의 느낌, 책의 특징 등을 정리한다.
② 자신의 경험을 쓴다.
③ 감동받은 부분을 쓴다.
④ 책의 저자나 주인공을 소개한다.

- 중간 부분
① 이야기 전체의 내용을 파악할 수 있는 줄거리를 쓴다.
② 본인의 생활과 비교하여 쓴다.
③ 주인공의 행동과 나의 행동을 비교하여 쓴다.
④ 이야기에서 가장 감동적인 부분을 쓴다.

- 끝부분
① 전체적인 느낌, 본인의 느낌과 감동을 정리한다.
② 본인의 깨달음, 본받을 점, 결심을 쓴다.

그러나 처음부터 독후감의 구조대로 쓰라고 하면 아이가 버겁게 느낄 수 있다. 서서히 구조를 습득한 후 그 순서에 맞추어 써보는 훈련을 하는 것이 좋다.

처음 영어 글쓰기를 시작하는 단계에서 엄마는 욕심을 버리고 아이를 독려하고 칭찬하고 기다려주어야 한다. 독후감 구조를 무시하고 아이 나름대로 써보게 하는 것으로 시작하고, 구조를 어떻게 짜야 하는지 아이와 함께 이야기를 나누되 아이보다 먼저 나아가서 강요하지는 말자.

찬송이도 아직까지 독후감 쓰기가 잘 다듬어지지는 않았다. 이 또한 시간이 지남에 따라 구조에 맞추어 짜임새 있는 북 리포트를 쓸 수 있게 되는 날이 올 것이라고 믿는다.

인상 깊었던 기억에 대해 쓰게 하자

영어일기나 독후감이 어느 정도 익숙해지고 문장도 제법 길어진다면 에세이Essay 쓰기를 시도해보는 것이 좋다. 에세이는 어떤 토픽에 대해 자기 생각을 자유롭게 표현한 것을 글로 옮겨보는 것이다.

에세이를 잘 쓸 수 있는 저력은 독서량에서 나온다고 할 수 있다. 다독을 통해 얻은 다양한 지식과 창의적인 사고력은 영어 글쓰기에 많은 도움이 될 것이다.

나는 전문적인 교정이나 첨삭을 해줄 수는 없지만 글의 문맥을 살펴보면서 단어와 어휘들을 바꾸어보길 권하는 정도는 해줄 수 있었다. 단어 수를 늘려보라고 한다든지, 접속어를 통해 문장을 좀 더 길게 써보라고 한다든지, 아이가 현재 사용한 단어를 좀 더 고급스러운 다른 단어로 바꾸어볼 수 있도록 사전이나 인터넷을 찾아보게끔 유도하는 것이다. 예를 들자면 다음과 같다.

  big ➡ huge, enormous, gigantic
  little, small ➡ tiny
  pretty, beautiful ➡ fantastic
  look ➡ gaze
  common ➡ general, prevalent

그러다가 시간이 지남에 따라 아이의 사고가 확장되고 깊어지면서 글쓰기에도 변화가 오는 것을 볼 수 있었다. 또한 영어책을 많이 읽고 영어 채널, 영어 학습서 등을 보면서 본인이 틀리게 썼던 부분을 스스로 발견하고 교정해 나가는 것이 어느 정도 가능해졌다. 아이가 몇 달 전에 쓴 본인의 글을 보고 "내가 이렇게 썼어? 이 부분은 틀렸네?" 하면서 잡아가기 시작한 것이다.

작년부터 찬송이는 한 프로젝트에 참여하게 되었다. 찬송이가 진행 중인 것은 원어민 연구진과 함께하는 Writing 프로젝트로, 주어진 토픽에 대해 찬송이가 자유롭게 글을 써서 전달하면 원어민 연구

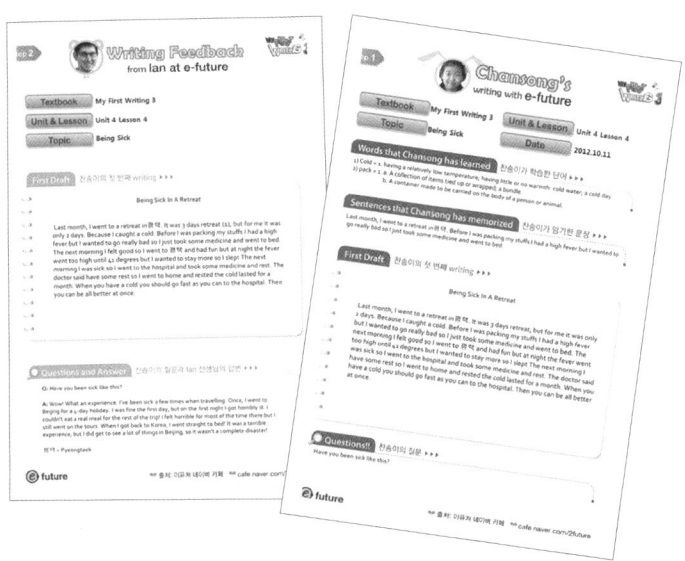

원어민과 함께하는 Writing 프로젝트의 자료. 찬송이가 자유롭게 글을 쓰면 원어민 연구진이 코멘트를 달아주고, 찬송이가 Rewriting을 하는 식으로 진행된다. 이 과정을 통해 찬송이의 글쓰기는 나날이 발전하고 있다.

진이 영어로 코멘트를 작성해 찬송이에게 전달하고, 그 다음 찬송이가 코멘트를 참조해 Rewriting을 하는 식으로 진행된다. 이 과정의 일부를 동영상으로 담아 찬송이 블로그에 게재하여 다른 아이들도 활용할 수 있게 하고 있다. 찬송이가 지금까지 진행해온 '스스로 학습법'에 영어를 체계적으로 잡아가는 첨삭 과정이 추가된 것이다.

본격적인 첨삭 학습을 하는 것이 요즘의 다른 아이들에 비하면 늦었다고 할 수도 있다. 하지만 지금까지 다독을 통한 풍부한 지식과 정보를 쌓고 창의력을 길러왔기에 짧은 시간 안에 크게 발전할 수 있으리라고 생각한다. 다음은 찬송이가 올해 쓴 에세이들이다.

My Country (31/5/2012)

I live in South Korea. South Korea is famous for it's kimchi and K-pop music. I also like K-pop music. We speak Korean. There are many mountains, delicious food, and last of all beautiful Han Bok. Han Bok is a traditional cloth of Korea. Han Bok is a pride in Korea. Seoul is the capital city of South Korea. Seoul has Gyeong Bok Gung. It is build in 1394. In Seoul there are many people and also foreigners too, because in Seoul there are many things too buy and enjoy. Even I also like to go to Seoul. In South Korea there are many things to see. In Yong-in, there is Folk village, in the Folk Village you can see Korean traditional things where the people lived, boats, and other things. If you visit South Korea then you'll know that how much that I love here.

Jejudo, a Wonderful Place (18/6/2012)

Come and visit Jejudo. Jejudo is a wonderful and popular vacation place. Jejudo is the biggest island in Korea. I went there twice. It's really beautiful and fantastic.
There are many beautiful beaches. People can catch fish, eat them and can go scuba diving. Scuba diving is an underwater sport. People think it's very dangerous, but it's not. It's a very fun sport. When

we're in the sea we can see very beautiful fish. If I had a chance to do it I would be very exciting. There are many sea food restaurants. People can eat fresh food. There are many places to enjoy horseback riding. People can go horseback riding. It's very fun. You will have a great time in Jejudo.

My Dream House (2/7/2012)

I want to build my dream house someday. My dream house will be in the country or in the forest.
There will be a cozy and large living room, a big library, 2 clean kitchens, 3 pretty bedrooms, a garden and a swimming pool. In the garden I want to plant seeds and grow them and eat. I will plant as much as I can. My friend will come and visit me. And we will have fun. I want to have hamsters, cat, dog, and a rabbit in my house. If I could have a sheep I would like to have it too. When I have my dream house I will live with my mom, dad, me, and my animals. I will be so happy!

2012년 4월에는 영어공부의 일환으로 NEAT^{National English Ability Test}(국가영어능력평가시험) 모의평가를 보게 되었다. 아무런 준비 없이 본 시험이었지만 결과는 나쁘지 않았다. 듣기^{Listening}, 말하기

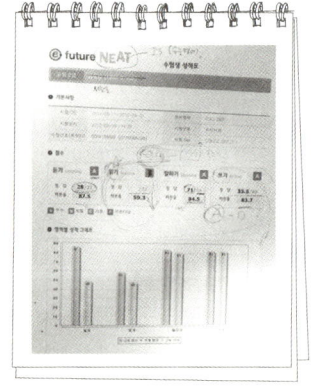

영어공부의 일환으로 보았던 NEAT 시험 성적표. 갑작스럽게 보게 된 것이라 공부를 많이 하지 못해 걱정했는데, 대견스럽게도 읽기를 제외한 듣기와 말하기, 쓰기 영역에서 모두 A를 받았다. 꾸준히 연습한다면 곧 읽기 부문에서도 좋은 성적을 거둘 수 있을 것이라 생각한다.

Speaking, 쓰기 Writing 영역에서 모두 A를 받았다. 읽기 Reading 에서는 A를 받지 못했지만 이것은 너무나 당연한 결과라고 생각하였다. 시사 영역 등 독해 예문들이 찬송이가 평소 접해 보지 않은 성인들의 것이어서 열네 살짜리가 이해하기 어려운 부분들도 있었기 때문이다. 세부 항목으로 점수를 환산했을 때 5.0 만점에 5.0을 맞은 부분들도

> **Tip**
>
> **NEAT란?**
>
> 한국판 토플로 불리는 NEAT는 대학이나 일상생활에서 필요한 영어 능력을 평가하기 위해 정부가 2009년부터 개발하기 시작했다. 1급 시험은 성인, 2급과 3급은 고교생을 대상으로 한다. 2, 3급은 당해 년도에 수능 응시자격을 갖고 있어야 1년에 2번 응시할 수 있다. NEAT가 특히 관심을 모으는 이유는 앞으로 대학수학능력시험의 외국어영역을 대체할 수 있기 때문이다. 고교생을 위한 NEAT는 2급과 3급으로 나뉜다. 2급은 수능과 비슷한 수준으로 인문·사회·과학 등 기초 학술적인 내용을 40%, 일상생활 대화를 60% 정도 반영한다. 3급은 수능보다 쉬운 실용 영어회화 수준이다. 2급과 3급 모두 듣기 읽기 말하기 쓰기의 4개 영역으로 구성된다. 2급은 70문제, 3급은 72문제가 나오고 시험 시간은 140분이다.

있지만 모든 영역에서 만점을 받은 것은 아니다. 이번 기회를 통해 보강할 부분들을 찾았으니 그것으로 만족하고 앞으로 목표를 세워 열심히 해 나가기로 찬송이와 다짐했다. 그래도 이 정도의 성적이 나올 수 있었던 것은 지금까지 꾸준히 해온 시청각 노출과 다독 덕분이었다는 점에서 뿌듯함을 느끼고 있다.

"세계적인 음악가로 가는 길, 찬송표 영어로 시작했어요!"

준호(13세) 어머니의 이야기

찬송이보다 한 살 어린 준호는 세계적인 음악가를 꿈꾸는 아이입니다. 찬송이네와 3년간 이웃으로 살았지만 준호는 음악을 더 좋아하는 아이라서 외국어에는 별로 관심이 없었고 찬송이와도 서로 가깝게 지낼 계기가 없었어요.

준호는 엄마 아빠의 독일 유학 시절에 태어난 아이라 사실 영어보다는 독일어를 먼저 배우고 싶어했어요. 영어는 학원에 다니면서 공부를 했었는데 준호에게는 그다지 맞는 학원도 아닌 것 같고 아이가 영어에 크게 흥미를 느끼지 못하는 것 같아 한동안 쉬고 있었지요.

콘트라베이스를 전공한 엄마 아빠에게서 재능을 물려받아서인지 준호도 3학년 때부터 콘트라베이스를 시작하여 여러 콩쿠르에서 1등상도 받고 장차 세계적인 베이스 주자가 되리라는 꿈을 갖게 되었어요. 그런데 세계적인 음악가로 활동하기 위해서는 영어 실력이 꼭 필요하다는 것을 점차 깨닫게 되었지요. 외국에서 공부도 해야 할 것이고 나중에 국제 콩쿠르에도 도전하게 될 것이고 입상하게 되면 영어로 수상 소감도 말할 수 있어야 할 테니까요.

그러던 중 우연히 찬송이의 블로그를 통해 영어책 읽어주는 동영상과 '영어 나눔' 하는 모습을 보게 되었는데, 이웃 동생인 준호에게도 영어를 가르쳐 줄 수 있다고 하여 일단 배우기 시작했습니다. 그전까지는 준호가 영어에 흥미를 갖지 못했지만, 어른이 아닌 한 살 많은 누나에게 배우면 부담감도 덜하고 훨씬 쉽게 영어를 접할 수 있을 것 같아서였어요.

이렇게 발전했어요

그렇게 시작하여 1년 정도 지난 지금, 준호는 찬송이와의 수업 덕분에 영어와 많이 친숙해졌어요. 듣기 실력도 많이 향상된 데다 입에서 간단한 영어 문장들도 자꾸 흘러나오기 시작했고요. 예전에 준호에게 맞지 않는 방식으로 영어를 잘못 배워 흥미를 잃고 필요성도 느끼지 못했던 것이 찬송이의 영어 나눔을 통해 점차 재정비되는 모습을 볼 수 있었지요. '귀찮은 영어'에서 '앞으로 꼭 해야 하는 영어'로 바뀌어 가면서 영어가 결코 넘지 못할 산이 아니라는 것을 알게 되었답니다.

올해 준호는 여러 콩쿠르에서 입상했을 뿐만 아니라 성남 시립 오케스트라와 협연도 했고 서울 예원학교에도 합격했어요. 앞으로 유럽으로 가서 공부하게 될지 미국으로 가서 공부하게 될지는 모르겠지만 찬송이와의 공부로 인해 가속도가 붙은 영어 실력이 앞으로 큰 도움이 될 것 같습니다. 그동안 찬송이에게 배운 것을 발판 삼아 기초를 잘 쌓아나간다면 머지않아 찬송이처럼 영어를 잘할 수 있게 되리라고 생각합니다.

"누나쌤과의 전화 영어로
회화 실력이 몰라보게 늘었어요~"

유빈(13세) 어머니의 이야기

유빈이가 처음 찬송이를 만난 건 한 초등학교 영어교과서 촬영장에서였어요. 그때는 찬송이라는 아이를 잘 몰랐었기 때문에 '그냥 다른 또래보다 영어를 참 잘하는 아이구나'라고 생각하는 정도였어요.

그러다 2011년 11월에 YBM 시사영어사의 초등학교 영어교과서 영상물 촬영을 하면서 동료 출연자로 찬송이와 다시 만나게 되었습니다. 한 달 넘게 같이 촬영하며 보아온 찬송이는 마음이 참 예쁘고 현명한 천사 같은 아이였고 영어만이 아닌 다양한 특기를 두루 갖춘 만능 탤런트 같은 아이였습니다. 특히 언어 면에서 탁월한 능력을 갖춘 찬송이를 보며 많이 놀라고 한편으로 부럽기도 하였습니다. 늘 자만하지 않고 항상 최선을 다해 노력하며 배우는 찬송이가 대견스러웠고요.

이런 인연으로 우리 유빈이도 장차 자신의 목표와 꿈을 이뤄가는 데 있어, 무엇보다 어학 면에 있어서 찬송이처럼 능숙해지고 싶다고 생각하게 되었어요. 그래서 어떻게 하면 잘할 수 있을지 방법을 찾고 있을 때, 마침 찬송이가 다른 아이들에게도 영어를 가르치고 있다는 사실을 알게 되었죠. 비록 한 살 차이지만 유빈이에게 친구와도 다름없는 찬송이와 일주일에 한 번이라도 같이 영어공부를 한다면 영어를 좀 더 재미있고 즐겁게 접할 수 있을 것이라고 생각했습니다.

이런 의견을 찬송이 어머니에게 전하였는데 찬송이가 바쁜 시간에도 흔쾌히

이렇게 발전했어요

해 주겠다고 하여 너무도 고마웠습니다. 그리하여 회화의 기초부터 잡아가자는 찬송이의 의견에 따라 〈Easy Talking Trinity〉라는 교재로 매주 수요일 저녁에 전화 통화를 통해 말하기 연습을 하게 되었어요. 그 후 유빈이는 전보다 훨씬 재미있게 영어 실력을 향상시키고 있는 중입니다.

유빈이는 멋진 영화배우가 되겠다는 꿈을 안고 아역 연기자의 세계에 도전한 상태입니다. 작년에는 몇 편의 영화에 출연하였고, 내년에 몇 편이 개봉될 예정입니다. 앞으로 더 훌륭한 연기자가 되고자 다방면으로 노력하는 중입니다. 이병헌이나 비처럼 세계적으로 나아갈 수 있는 배우가 되기 위해서는 영어 실력도 필수이기 때문에 지금부터 영어공부를 열심히 하고 있습니다.

자신에게 맞는 공부법이 무엇인지 찾기 위해 유빈이와 늘 의논했는데, 때마침 찬송이를 만나 새로운 자극을 받게 된 것 같습니다. 찬송이처럼 능숙하게 영어를 하겠다는 목표의식도 갖게 되었지요. 앞으로도 좋은 인연을 이어가며 똑같은 길은 아니지만 서로 도와주며 격려할 수 있는 찬송이와 유빈이가 되기를 바라고 있습니다.

1 엄마는 이렇게 공부하세요
2 아이와 이렇게 소통하세요
3 홈스쿨링, 이것만은 꼭 고려하세요

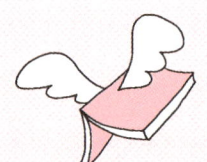

찬송맘이 귀띔하는

성공적인 홈스쿨링을 위한 몇 가지 조언

PART 4

홈스쿨링에 있어서 엄마의 역할은 아이만큼 어학을 잘하는 것이 아니라 아이가 잘 해나갈 수 있도록 길잡이가 되어주는 것이다. 요즘에는 영어를 매우 잘하는 부모들도 많지만, 부모가 잘하는 만큼 아이가 잘하느냐 하면 또 그렇지 않은 경우가 많다. 그렇기 때문에 엄마가 영어를 잘하고 못하고는 그리 큰 문제가 되지 않는다. 엄마가 외국어를 잘하지 못해도 길잡이를 어떻게 해주느냐에 따라 자녀의 언어 잠재력을 깨워줄 수 있는지 여부가 결정된다.

홈스쿨링을 한다는 것은 부모가 자녀에게 가르친다는 개념이 아니다. 특히 어학에 있어서는 아이들의 언어 습득 능력이 어른들과는 비교가 안 될 만큼 뛰어나기 때문에 지금 당장은 엄마가 아이보다 앞서간다 해도 머지않아 아이가 엄마보다 앞서가게 된다. 찬송이의 경우도 이미 대여섯 살 무렵부터 회화나 영어구사능력이 엄마를 능가했다. 영어 시청각 자료를 활용하고 영어책을 풍부하게 즐기는 과정 속에서 내가 모르는 어휘들도 점점 많이 알아가게 되었던 것이다. 반면 나는 나이가 들어감에 따라 기억력도 예전 같지 않아 알고 있던 단어마저 가물가물한 경우가 많았다. 딸에게 일방적으로 가르친다는 것 자체가 사실상 불가능한 일이었다.

그렇지만 손 놓고 있기보다는 예습을 통하여 아이의 학습에 도움을 주고자 노력하였다. 어학 외에 다른 과목들도 초등 과정까지는 엄마가 조금만 준비하면 얼마든지 아이를 코칭해줄 수 있다. 아이에게 가르치는 것이 아니라 아이가 적극적으로 학습을 주도해 나갈 수 있도록 도와주는 역할을 하는 것이다. 이를테면 "이 수학문제 누가 먼저 풀 수 있는지 시합할까?" 하는 식으로 학습의지를 북돋아주는 것이다.

아이를 키우면서 따로 시간을 내어 예습을 한다는 것은 쉽지 않은 일이다. 아이가 어릴수록 엄마의 손길이 더 많이 필요한 만큼 엄마에게 허락되는 여가 시간이 그리 많지 않기 때문이다. 나 역시 시간을 내기가 쉽지 않아서 자투리 시간을 틈틈이 활용하여 다음과 같은 방법으로 미리 준비를 해두곤 하였다.

영어책 미리 읽어보기

자녀에게 영어책을 읽어주기 위해서는 엄마가 미리 책의 내용을 파악하고 모르는 어휘가 있는지 점검해보는 시간이 필요하다. 유아들이 보는 영어 그림책이라 하더라도 가끔씩은 생소한 어휘가 나올 때도 있기 때문이다.

한국에서 태어나 교육받은 대부분의 어른들이 그러하듯이 나도 어린 시절에 영어를 습득한 케이스가 아니기 때문에 의성어나 의태어 등은 어린이용 책에 쓰인 표현임에도 모르는 경우가 있었다. 전 세계 아이들의 눈을 사로잡는 아름다운 그림책 작가로 유명한 에릭 칼 Eric Carle 의 작품들 속에도 사전을 찾아보아야 할 만큼 어려운 단어들이 나올 때가 있다. 그런 경우에는 아이에게 읽어주기 전에 미리 사전을 찾아 모르는 단어 옆에 발음기호를 적어놓는 등의 방법으로 사전 준비를 하곤 하였다.

영어책을 읽어줄 때 아이에게 해줄 수 있을 만한 영어 질문들도 미리 생각해 두었다. 찬송이가 어린 시절에는 인터넷이 널리 보급되지 않은 터라 엄마와 아기가 대화할 수 있는 영어 대화집을 서점에서 구입하여 활용하였다. 지금은 영어 관련 출판사에서 운영하는 홈페이지나 엄마들이 많이 활동하는 인터넷 커뮤니티 등에서 아이에게 건넬 만한 질문이 담긴 리스트나 그 밖의 각종 정보들을 손쉽게 찾아볼 수 있으니 이를 적극 활용해보는 것도 좋겠다.

찬송맘 추천! 엄마와 아기를 위한 영어 대화집

아이에게 영어로 말을 걸어보고 싶지만 무슨 말을 해야 할지 막막하기만 했던 경험, 나도 많이 겪어보았다. 영어 실력이 부족해 고민인 엄마들이라면 이 책들에 주목해보자. 엄마가 아이에게 해줄 만한 일상 대화들이 담겨 있어 실생활에서 요긴하게 사용할 수 있다.

엄마표 유아영어 365
이지묘

Hello 베이비 Hi 맘
김린, 서현주

엄마가 쉽게 가르치는
유아영어
정부연

말문 트기 영어 1
책아책아!
영어콘텐츠 연구소

 어학 테이프와 CD 자주 듣기

앞에서도 언급한 바 있듯 찬송이가 아기였을 때부터 우리 집에는 항상 소리가 끊이지 않았다. 클래식 음악 CD, 영어 동요, 어학 CD를 자주 틀어놓았을 뿐만 아니라 이동하는 동안에도 들을 수 있도록 항상 차 안에 자료를 비치해 두었다. 그리고 새 CD를 구입하면 곧바로 틀어주어 호기심이 충족될 수 있도록 해주었다.

찬송이가 어릴 때에는 아이와 떨어져 있는 시간이 거의 없었지만 초등학생 나이가 되면서부터는 나 혼자 있을 수 있는 시간이 자주 생겼다. 그럴 때에도 아이의 교육을 위한 준비 자세를 늦추지 않으려고 노력했다.

특히 어학 CD를 자주 듣는 것이 큰 도움이 되었다. 나는 중국어와 프랑스어를 할 줄 몰랐지만 아이에게 작게나마 도움을 줄 수 있을까 하는 마음에 찬송이가 듣는 어학 테이프를 운전하면서 수시로 듣곤 했다. 아이와 함께 있을 때는 물론 나 혼자 이동할 때에도 자주 듣다 보니 어느 날부터인가 몇 마디씩 들려오기 시작하였고 서투르지만 그 언어들을 따라 할 수 있게 되었다. 지금은 중국어나 프랑스어로 질문까지는 못해도 아이가 이야기하는 것을 체크할 수 있는 정도로까지 발전했다. 가끔은 프랑스어 CD를 함께 들으며 "그 다음 내용이 뭐지?" 하면서 모르는 척 아이에게 자극을 줄 수 있게 된 것이다.

챈트 Chant (반복적인 리듬으로 영어 구문을 익히는 것) 같은 것도 CD를 통해 먼저 들으며 익혀두자. 아이와 함께 들을 때 엄마도 함께 따라 하면 아이가 동질감을 느끼며 더욱 신나게 즐기게 된다.

가계부와 다이어리 영어로 쓰기

언어라는 것은 안 쓰면 잊어버리고 반대로 쓰면 쓸수록 기억에 남는다. 나는 찬송이 공부를 위해서라도 영어에 익숙해져야 했기에 생활 속에서 영어를 써보는 습관을 들였다.

결혼하기 전부터 하루의 일과를 메모하는 습관은 몸에 배어 있었

찬송이에게 영어를 접하게 해주면서부터 매일 지출한 것을 메모해두는 가계부를 영어로 쓰기 시작했다. 찬송이 영어 공부에 작게나마 도움이 되고 싶어서였다. 잘하지는 못하더라도 노력하는 엄마의 모습에 찬송이도 알게 모르게 자극을 받고 있는 것 같다.

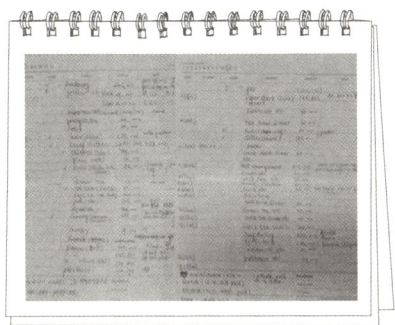

기 때문에 지금까지도 찬송이의 계획표나 일상생활을 다이어리에 적어놓곤 하는데, 다이어리를 쓸 때 영어로 쓰는 것을 원칙으로 하여 습관화시켰다. 가계부 역시 마찬가지였다. 쓰다가 모르는 단어가 생기면 전자사전을 활용해 수시로 찾아보았다. 요즘에는 휴대폰에 내장된 전자사전을 이용하기도 한다. 그리고 이렇게 찾아본 단어는 메모해두었다가 내 것이 될 때까지 수시로 들춰보면서 익히는 등 영어와 가까워지기 위해 많은 노력을 기울였다.

교육과 관련된 각종 정보 스크랩하기

요즘 부모들은 교육 정보에 무척 밝아 감탄하게 될 때가 많다. 나역시 부족하나마 아이를 위한 교육 정보에는 항상 귀를 기울이려고 하는 편이다. 찬송이가 어릴 때에는 신문을 활용하여 어학 및 교육

나중에 찬송이가 외국 대학에 입학하게 되었을 때를 대비해 각종 자료들을 꼼꼼히 스크랩해두었다. 방송에 소개되었던 대로 요즘에는 블로그의 스크랩 기능도 적극 활용하여 자료를 수집하고 있다.

에 관한 정보를 수집할 때가 많았다. 요즘에는 블로그의 스크랩 기능을 활용해 자료를 수집하고 있다. 교육 정보와 뉴스, 그리고 다른 사람들의 성공 사례들을 발견하면 찬송이 블로그에 옮겨와 틈틈이 읽어 보기도 하고 다른 이웃들과도 공유하는 것이다.

문법에 관한 자료, 영어 속담이나 관용어구, 생활영어 표현, 엄마와 아이가 영어로 대화할 때 필요한 표현, 최근 미국에서 쓰이는 신조어나 유행어 같은 것들도 스크랩해두었다가 다시 읽어보며 공부하는 데 활용하였다. 이처럼 블로그를 활용하여 영어와 관련된 유용한 자료를 정리해두는 것만으로도 많은 도움을 받을 수 있음을 기억하자.

아이와 이렇게 소통하세요

 아이와 함께 계획하되 얽매이지 않기

　찬송이는 열 살 때에 1년가량 국제학교에 다닌 것을 제외하고는 지금까지 엄마와 함께 집에서 공부하고 있다. 학교에 다니면 학교에서 정해준 시간표대로 따라가면 되지만 집에서 공부하려면 나름대로 계획표를 짜서 시간 관리를 해줄 필요가 있다.

　찬송이의 학습 계획표와 일과를 짤 때 내가 일방적으로 계획을 세워주는 일은 없다. 아이가 초등학생 나이였을 때도 항상 그랬고 중학생 나이가 된 지금도 마찬가지다. 늘 찬송이와 머리를 맞대고 의논한 후 학습 스케줄과 일과를 결정한다. 엄마가 일방적으로 만들어 주는 것이 아닌, 아이가 함께 고민하고 의논해 만든 시간표와 인생 계획은 항상 눈에 보이는 곳에 붙여둔다.

찬송이에게 계획표가 필요한 이유는 그 계획표를 얼마나 지켰는지 엄마에게 점검받기 위해서가 아니라 자신이 인생의 주인공이 되어 스스로 자기 일과에 대한 목표를 지키기 위함이다. 그래서 찬송이는 계획표를 만드는 시간도 매우 즐거워한다.

계획표를 짤 때에는 다음과 같은 과정을 거친다.

첫째, 아이가 공부하고 싶은 과목이 무엇인지 아이의 이야기를 먼저 듣는다.
둘째, 엄마 생각에 꼭 필요하다고 여겨지는 과목을 아이에게 이야기한다.
셋째, 아이와 엄마가 의견을 조정하여 최종적으로 선택한 결과물을 시간표로 정리해 눈에 보이는 곳에 붙여둔다.

하지만 나는 아이와 함께 의논해 결정된 시간표일지라도 지나치게 시간표에 매인 나머지 아이를 독촉하거나 윽박지르지는 않는다. 학습 계획표에 맞추어 기계적으로 진행하지는 않는다는 표현이 정

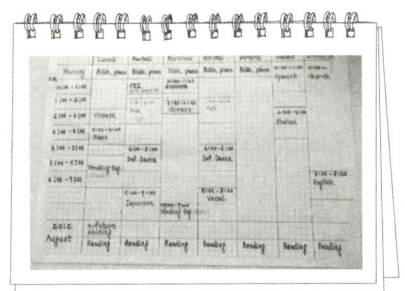

찬송이의 일주일 계획을 정리한 학습 스케줄표. 매주 엄마와 찬송이가 충분한 상의를 통해 결정하며, 영어로 적어 잘 보이는 곳에 붙여두곤 한다.

확하겠다. 될 수 있으면 지켜나가려고 노력하지만, 그때그때 아이의 사정과 컨디션 등에 따라 유연성 있게 조절해 나가는 편이다.

시간표는 찬송이와 나에겐 어디까지나 유연한 틀일 뿐이다. 오늘 힘들어서 못하면 다음 날에 하는 등 아이가 스트레스받지 않게, 편하게 할 수 있게 하였다. 금요일은 아예 하루를 비워놓고 자유로운 체험학습을 하거나 여행을 할 수 있는 날로 정해 놓았다.

일과표는 지향할 목표가 되어야지 거기에 얽매여서는 안 된다. 틀을 짜되 아이의 자율적인 리듬에 맞추는 것이 중요하다. 아이는 아이이기 때문에 본인이 계획한 스케줄일지라도 지키지 못할 수 있다. 찬송이도 의욕이 넘치고 능동적인 아이이기는 하지만 아직은 어리다 보니 흐트러질 때가 있다. 그럴 때마다 학습 스케줄과 인생 스케줄을 보면서 스스로 마음을 다잡게 한다. 엄마가 만들어준 것이 아니라 자기 스스로 만든 것이기 때문이다.

아이의 자율성 존중하기

찬송이는 어릴 때부터 자기 의사표현을 뚜렷하게 하는 아이였다. 본인이 하고 싶은 것에 대해서는 끝까지 부모를 설득하기도 했다. 나는 "그것은 절대 안 돼.", "어른들 이야기하는 데 끼어들지 마."와 같이 아이에게 상처 주는 말을 하지 않으려고 노력하였다. 엄마의 생각이 옳다고 해도 아이에게 강요하지 않고 이해를 먼저 구했다.

그래서 다섯 살 무렵까지는 아이를 혼낸 기억이 거의 없다. 잘못된 행동의 옳고 그름은 알려주었지만 아이 스스로가 잘못된 행동에 대한 이성적인 인식과 자제력이 생긴 나이가 되어야 꾸지람도 할 수 있는 것이라고 생각했다. 자기 의사표현도 제대로 하지 못하고 방어 능력도 없는 아이에게 일방적으로 엄마의 의견을 강요하며 혼내는 것은 성장과정에서 부정적인 영향을 끼칠 수 있을 거라 판단했다.

또한 교육을 할 때에는 매일 규칙적으로 시간대를 정해놓고 하라는 육아지침서도 읽은 적이 있지만, 나는 초등학교 과정까지는 자유로움을 만끽할 수 있도록 해 주자는 생각이었다. 특히 "이제 늦었으니까 자야 돼."라든지, "너무 오래 잤으니 그만 일어나.", "그거 이제 그만 해.", "왜 아직도 이거 보고 있어?"와 같은 말들은 하지 않으려고 노력하였다.

공부할 때에는 참고서에 나온 문제들을 자유롭게 풀도록 하되 굳이 테스트는 하지 않았다. 아이의 상태를 고려하지 않은 채 강압적인 방식으로 공부를 진행한다면 아이는 '공부하는 것은 힘들어', '내가 왜 이렇게 힘들게 사는 거지?'라고 생각할지도 모른다. 초등학생 나이부터 이러한 생각이 자리 잡는다면 아이도 부모도 행복하지 않을 것이다.

다만 찬송이가 중학생 나이가 되고부터는 좀 더 지혜롭게 대처해 나가려고 한다. 그동안은 아이가 하고 싶은 것 위주로 재능을 맘껏 펼치게 하는 데 주력했다면, 이제부터는 대학 입학과 사회생활을 염두에 두고 시험을 보는 훈련도 해야 할 것이며 학습적인 부분도 많이 채워가야 할 시기라고 생각하기 때문이다.

원하는 지식을 마음껏 흡수하도록 도와주기

찬송이의 홈스쿨링은 외부에서 정한 기준에 근거한 것이 아닌 아이가 가지고 있는 재능과 적성에 맞추어 진행하고 있다. 찬송이만의 맞춤식 교육이라 할 수 있다. 아이가 잘할 수 있는 것, 아이가 좋아하는 것, 아이가 관심 있어 하는 분야 등을 파악하고 아이 성격이나 환경을 고려하여 최선의 방법을 찾아 학습의 목표를 정하고 있는 것이다. 공부할 책을 선택할 때에도 아이와 함께 서점을 방문하여 아이가 마음에 들어 하고 보고 싶어하는 참고서들로 구입하고 있다.

학교 정규교육과정에서 배우는 과목들은 참고로 하되 모든 과목을 선택하지는 않는다. 찬송이는 모든 과목에 관심을 보이지만 엄마의 몫은 찬송이가 좀 더 잘할 수 있는 것과 현재 상황에서 찬송이가 힘들지 않게 소화할 수 있는 것 사이에서 적절한 조율점을 찾아주는 것이다. 찬송이는 할 수만 있다면 미국으로 대학을 가려고 목표를 정해두었기 때문에 우리나라 대학에 들어가기 위한 입시공부보다는 미국 대학의 입학에 도움되는 과목들을 선택하여 학습하고 있다. 나머지는 찬송이가 가지고 있는 재능을 계발하고 살아가는 데 필요한 지식을 즐겁게 익히는 데 초점을 맞추고 있다.

학습의 원리는 간단하다. 아이가 지식을 흡수하는 과정을 아이의 특성에 맞춘다는 것이다. 찬송이는 외국어도 무척 좋아했지만 어릴 때부터 과학 역시 무척 좋아했기 때문에 다양한 실습과 체험을 통해 지금까지 꾸준히 학습하고 있다. 집 주변을 산책하면서 광합성 작용이라든가 공기 오염, 공기에 포함된 원소에 대한 이야기를 나누기도 한다. 학습서를 참고하여 집에서 할 수 있는 과학실험들도 자주 해본다. 역동적인 것과 탐험을 좋아하는 성격이라서 다양한 실험을 해보며 지식을 습득하는 방법을 매우 좋아한다. 다른 과목도 마찬가지다. 국사나 세계사에 관한 지식을 얻고 싶으면 그 사건을 배경으로 한 이야기책을 읽어서 좀 더 상세하게, 재미있게 습득하는 방식을 택하는 식으로 공부하고 있다.

초등학교 과정까지는 선행학습을 한 셈이었지만 중학교 1학년 나이가 된 지금은 다른 아이들보다 늦은 편일 수도 있다. 하지만 조급해할 일도 아니고 부끄러운 일도 아니라고 생각한다. 지금 기초부터 탄탄히 잡아놓으면 앞으로 중·고등학교 과정도 잘 해낼 수 있을 것이고 얼마든지 필요한 실력을 쌓을 수 있을 것이라고 믿기 때문이다.

홈스쿨링, 이것만은 꼭 고려하세요

 찬송이가 홈스쿨링으로 공부하고 있다는 정보가 방송과 블로그를 통해 알려지면서 홈스쿨링에 대해 문의하는 분들이 많았다. 엄마들의 질문도 있었지만 개중에는 초등학교나 중학교에 재학 중인 학생이 '학교에 다니지 않고 홈스쿨링을 하고 싶은데 어떻게 해야 할지 모르겠다'는 질문을 직접 해오기도 하였다.

 홈스쿨링Home Schooling이란 학교에 가는 대신 집에서 부모한테 교육을 받는 재택 교육이라고 할 수 있다. 1960년대에 미국에서 시작되어 1970년대부터 활성화되었는데 미국에서 홈스쿨링을 하는 인구는 2010년을 기준으로 하여 220만 명에 달할 것이라고 추산하고 있다. 그래서 미국의 대학 중에서는 홈스쿨링으로 공부한 학생들을 위한 입학 전형 과정이 있는 곳이 많다. 우리나라의 경우 학교에 다니지 않고 홈스쿨링으로 공부하는 아이들의 수가 해마다 늘어나고 있는 것으로 추정되지만 정확한 통계자료는 부족한 편이다.

홈스쿨링의 대략적인 형식을 살펴보면, 학교 과정을 그대로 가르치는 것과 관련 단체가 정해 놓은 프로그램을 따르는 것으로 나눌 수 있다. 찬송이의 경우는 이 두 경우를 따르지 않았기 때문에 일반적인 홈스쿨링과는 조금 차이가 있다. 찬송이만의 맞춤식 교육이라고 이야기하는 편이 옳을 것이다. 찬송이의 재능을 계발하고 찬송이가 좋아하는 것을 찾아주는 데 중점을 둔 상태에서 아이의 성격을 바탕으로 가장 적절한 접근 방법을 모색하며 진행하였다. 다만 중학생 나이가 되면서부터는 과도기로 생각하고 장차 대학교에서 전공과목을 심도 있게 공부할 것에 대비하여 차츰 학습적인 자세로 전환해 나가고 있는 중이다.

일부 매스컴에서는 찬송이 교육에 대하여 '공교육을 거부한 것'이라고 표현하는 경우도 있었지만 그런 의도는 아니었다. 앞서 언급하였듯이 홈스쿨링을 하기로 처음부터 작정한 것이 아니라 아이에게 맞는 것을 찾다 보니 학교를 다니지 않게 된 것뿐이다.

홈스쿨링에 대한 관심은 기존의 학교생활이 어떤 이유에서건 자신에게 맞지 않다고 느끼는 데서 출발하는 경우가 많다. 학교 수업을 따라가기 힘들어서일 수도 있고, 학교의 단체생활이 적성에 맞지 않아서 집에서 공부하고 싶어하는 경우도 적지 않게 볼 수 있다. 우리나라의 공교육 시스템 혹은 입시 위주의 교육 환경에 동의하지 않는 부모들이 자녀를 위해 학교가 아닌 다른 길을 찾기도 하는데 이 경우 홈스쿨링을 고려할 수도 있고 대안학교에 보내는 선택을 하기도 한다.

선택은 아이와 부모의 몫이겠지만 자녀의 특성, 기질, 적성 그리고 가정환경을 면밀히 살펴보고 자녀에게 가장 잘 맞는 길을 찾아야 할 것이다. 만약 홈스쿨링을 고려하고 있다면 다음과 같은 점들을 점검해보는 것이 좋다.

자녀에게 꼭 맞는 최선의 방법인가?

모든 부모들은 아이를 키우면서 "우리 아이 천재인가 봐!"라는 이야기를 한번쯤 하게 된다. 그런데 그런 감탄을 할 때의 느낌이 착각만은 아니라고 생각한다. 세상 모든 아이들에게는 그 아이만의 영재성이 있기 때문이다.

내 아이만의 재능은 무엇일까? 육아를 하면서 살펴보면 엄마의 눈에 보이는 내 아이만의 무언가가 분명히 있다. 중요한 건 그때 느낀 영재성, 천재성을 어떻게 이끌어줄 것인가이다. 부모가 아이의 재능에 맞는 길을 잡아준다면 아이는 즐기면서 자기를 계발해 나갈 기회를 얻을 수 있다. 부모의 끊임없는 관심과 사랑에 따라 아이의 천재성과 영재성이 꽃을 피울 수도 있고, 꽃을 피우지 못한 채 평범한 아이가 될 수도 있는 것이다.

찬송이가 공교육을 받지 않고 집에서 공부하리라는 계획을 일찍부터 세운 적은 없다. 아이의 성격, 재능, 좋아하는 것을 따라 아이에게 맞는 선택을 하도록 도와준 것이 조기교육이 되었고 현재의 홈스쿨링이 된 것뿐이다. 초등학교에서 배우는 전 과목을 찬송이에게 똑같이 적용하지 않은 것은 찬송이가 더 잘할 수 있는 것, 하고 싶은 것이 무엇인지 살펴보면서 아이 눈높이에서 학습을 유지하기 위해서였다. 이렇게 진행하면서 아이는 행복해했고 일찍부터 자기 재능을 계발할 수 있었다.

홈스쿨링의 가장 커다란 장점은 자녀의 재능을 계발해줄 수 있고 자녀의 능력에 맞는 맞춤식 공부를 하게 해줄 수 있다는 점이다. 학교 교육은 획일적인 학습을 전제로 한다. 진도도 당기거나 늦출 수 없이 학교에서 정해진 규정에 따라가야 한다. 반면 홈스쿨링을 하면 아이의 학습능력에 따라 더 빨리 나갈 수도 있고 늦출 수도 있다. 그리고 나이와 상관없이 아이가 원하는 책과 자료를 통해 아이가 원하는 지식을 충분히 습득하게 할 수 있다. 또한 아이만의 재능을 마음껏 계발시킬 자유를 줄 수 있다.

나는 아이 교육에 있어서 '좀 더 서포트해주면 좋을 텐데'라는 안타까움은 있어도, '남보다 뒤떨어지면 어쩌나' 하고 초조

해한 적은 없었다. 항상 아이의 가능성에 기준을 두었기 때문이다.

홈스쿨링은 자녀의 개성을 살려주고 앞날의 가능성을 지켜주겠다는 마음이 전제되어야 한다. 에디슨이 발명왕이 될 수 있었던 것은 학교 교육이 아닌 홈스쿨링을 통해 아이의 가능성을 북돋워주고 계발시켜준 어머니의 역할이 절대적이었다. 획일적인 교육에 의해 사장될 수도 있는 그 아이만의 가능성을 적극 발굴하고 펼칠 수 있게 해주는 것이야말로 진정한 홈스쿨링이라는 것을 반드시 명심해야 한다.

학교 이상의 환경을 조성해줄 수 있는가?

아이들 중에는 혼자 공부하는 것이 잘 맞는 아이도 있지만 혼자 있는 것을 견디지 못하는 아이도 있다. 단체생활을 힘들어하는 아이도 있지만 오히려 학교를 다니면서 단체생활 속에서 경쟁을 하는 것이 더 맞는 아이도 있다. 따라서 자녀의 성격이 무엇에 더 맞는지를 충분히 심사숙고해야 한다.

찬송이는 학교생활은 학교생활대로 좋아하였지만 학교에 다니지 않는 지금도 만족하며 생활하고 있다. 국제학교는 영어로 공부할 수 있는 환경이었던 데다 학교 규모가 작아 친구들과 동생들, 언니 오빠들까지 친하게 지낼 수 있었던 덕분에 지금까지도 찬송이 마음 속에 좋은 기억으로 간직되고 있는 것 같다.

지금은 학교생활은 하지 않지만 다양한 활동을 통하여 폭넓은 인간관계를 형성하고 있다. 방송 촬영을 하다 보면 동생, 친구, 언니 오빠들 그리고 어른들까지 함께 어울려야 한 작품을 완성할 수 있는 프로그램이 대부분이기 때문에 이러한 과정을 통하여 작은 사회생활을 경험하게 된다. 학교에 다니지 않는다뿐이지, 학교에 다니는 친구들보다 더 다양한 활동을 하고 있는 셈이다.

이처럼 찬송이는 홈스쿨링을 하는 과정 속에서도, 학교에 다니는 일반적인 아이들보다 오히려 더 다채로운 사회 경험을 하는 편이다. 이러한 기회들이 뒷받침이 되어주기에 홈스쿨링도 더 효과적으로 진행할 수 있었다.

국제학교에 1년 정도 보냈던 기억을 되짚어보면 사실상 홈스쿨링은 아이를 학교에 보내는 것보다 엄마의 손을 훨씬 더 많이 필요로 한다. 엄마가 얼마나 발 빠르게 움직이고 준비하느냐에 따라서 아이가 경험할 수 있는 세상이 달라지기 때문이다. 나는 앞서 언급한 것처럼 영어전문서점이나 영어체험마을을 찾아가 외국인과 이야기할 기회를 만들어준다든지, 영어 뮤지컬 등을 접하게 해줌으로써 새로운 자극을 받게 해주려는 노력을 게을리하지 않았다. 맞벌이를 하는 엄마들이라면 시간을 할애해야 하는 이러한 노력들이 부담으로 다가올 수 있다. 그러므로 홈스쿨링을 결정하기 전 이 점을 보다 신중하게 생각해야 할 것이다.

인생의 장기적인 목표와 꿈이 있는가?

찬송이는 일찍부터 우리나라 대학이 아닌 미국의 대학에 진학하겠다는 목표를 설정했기 때문에 그에 필요한 과목들을 염두에 두고 올 초부터 기초를 다져나가고 있는 중이다. 그리고 궁극적으로는 대학에 들어가기 위한 학습이 아니라 대학 이후 사회에 나갔을 때 필요할 것이라고 생각되는 것들도 함께 준비해 가고 있다.

아이들과 청소년들은 성장하면서 장래희망과 꿈이 여러 번 바뀌기도 한다. 찬송이도 대여섯 살 무렵까지는 과학자가 꿈이라고 하였다. 별과 천체, 유전자에 대한 이야기와 과학 실험에 관심이 많다 보니 그런 꿈을 정했던 것이다. 아홉 살부터는 가수가 되겠다고 했다. 지금은 좀 더 다양한 직업들을 염두에 두는 것 같다. 대학에 진학하고 성인이 될 때까지 아이의 꿈이 또 바뀔 가능성이 높다. 딸아이의 꿈이 과학자였을 때나 가수였을 때나 나는 그 꿈을 인정해 주고 그 꿈을 위해 노력할 수 있도록 힘을 실어주려 하고 있다.

2011년 5월 어느 날, 대학교에 들어간다면 무엇을 공부하고 싶은지 이야기를 나누는 시간을 가져 보았다. 찬송이는 크레파스를 쥐고 "엄마, 내가 전공하고 싶은 과목을 그림으로 그려볼게." 하더니 그림을 그리기 시작했다. 그날 찬송이는 다음과 같은 것들을 전공하고 싶다고 하였다.

① International Studies(국제학)
② Linguistics(언어학), Music(음악)
③ English and Literature(영문학)
④ Language and Literacy(영어교육 혹은 영어를 가르치는 교수가 되는 것)

 장차 찬송이가 선택한 전공이 이 중에 있을 수도 있고 없을 수도 있다. 하지만 모든 가능성은 활짝 열려 있고 다양한 방면으로 공부하고 있으므로 분명 현명한 선택을 할 것이라고 믿는다.
 미래의 꿈과 진로를 놓고 아이와 진지한 대화를 하게 될 때 나는 이런 말들을 해준다.
 "찬송아, 네가 어떠한 직업을 선택하든 공부는 기본으로 하면 좋겠다. 그리고 네가 가진 재능들을 최대한 살려서 꾸준히 노력하는 것이 좋을 것 같아."
 "딸아, 훗날 네가 이 세상을 떠날 때 가장 많은 사람들을 도와준 사람으로 네가 기억되면 좋겠다. 너에게는 무한한 능력과 가능성이 있으니까 말이야."
 이런 생각을 나 혼자 담아두고 있는 것이 아니라 늘 말로 표현해주어 찬송이와 나누고 있다. 다만 찬송이만의 재능을 살려 장차 사회에 나가서 자기 몫을 할 수 있으면서 특히 외국어에 있어서 경쟁력이 있는 사람이 되고 싶다는 근본적인 목표만은 확고하게 가지고 가는 중이다.

또한 학교 점수 때문에 억지로 봉사를 하는 것이 아니라 정말 스스로 남에게 봉사하고자 하는 마음을 가지고 봉사하는 사람, 성적만 좋은 사람보다는 사회에 나가서 좋은 영향력을 발휘할 수 있는 사람이 되고자 하는 것 역시 찬송이의 목표다.

찬송이의 친구들 이야기를 들으면 공부해야 할 과목들도 많고 학원도 다녀야 하고 숙제도 버겁다고 한다. 반면 찬송이는 자기가 가지고 있는 재능을 계발하는 데 시간을 보내고, 흥미 있는 과목들을 학습하며, 살아가면서 필요할 것이라고 생각되는 외국어들을 익혀두고 있다. 찬송이가 다른 친구들처럼 학교에 다니고 있다면 이렇게 즐기면서 많은 언어들을 배우고 노래와 춤을 배우며 과학실험을 맘껏 할 수 있을까? 아마도 불가능하지 않았을까 싶다.

흔히 우리나라의 부모들은 자녀가 어떤 대학에 입학했으면, 혹은 어떤 직장에 다녔으면 하는 목표는 많이 가지고 있지만 자녀가 어떤 사람이 되었으면 하는지, 자녀 인생의 장기적인 목표가 무엇인지에 대해서는 충분히 생각하지 않는 경우가 많다. 하지만 교육에서 가장 중요한 것은 어떤 대학에 가느냐가 아니라 인생의 커다란 꿈과 목표를 어디에 두고 있는가다. 일단 목표를 정해야 그 목표를 향해 가는 과정에서 홈스쿨링이 적합한지 여부를 검토할 수 있기 때문이다.

아이를 끝까지 관리할 수 있는가?

홈스쿨링을 하려면 무엇보다도 부모 스스로 강한 소신과 인내심을 가질 수 있을지를 심사숙고해보아야 한다. 내 아이를 다른 아이들과 비교해서도 안 될 것이며, 홈스쿨링 성공 사례들도 참고는 하되 그대로 따라 해서는 안 될 것이다. 아이들마다 성격과 재능, 환경이 다르기 때문이다.

부모는 아이의 가능성을 끝까지 믿고 기다려야 한다. 부모의 기대치가 높으면 그만큼 실망감도 커져 기대에 못 미친 아이에게 스트레스를 줄 수도 있다. 이때부터 아이와 부모의 갈등이 싹터 불행이 시작될 수도 있음을 유의해야 한다.

<u>가장 중요한 관건은 부모가 초심을 잃지 않을 수 있는가다. 부모가 초심을 잃지 않아야 아이의 중심도 흐트러지지 않는다.</u>
홈스쿨링을 시작하였다가 부모가 먼저 부담감을 느끼고 도저히 계속할 자신이 없어서 포기하고 학교에 보내는 사례도 있다. 물론 실패를 통해 얻는 것들도 분명 있겠지만, 쉽게 생각했다가 중도 포기하는 결과를 방지하기 위해서는 홈스쿨링에 대한 충분한 사전 지식과 아이의 현재 상황을 충분히 파악하는 과정이 반드시 필요하다.

부모가 선생님이 되어 아이를 이끌어나가며 집에서 학습을 한다는 것이 처음에는 어렵게 느껴질 수도 있다. 적응이 생각처럼 안 될수도 있고 계획표대로 진행되지 않는 것에 스트레스를 받을 수도 있다. 하지만 자녀에게 적합하다는 판단이 선다면 쉽게 포기하지 말고 소신껏 밀고 나갈 각오를 하도록 하자.

 아이와 충분히 대화하고 소통하는가?

홈스쿨링을 하기 위해서는 부모와 자녀가 많은 시간을 함께 보내야 하기 때문에 서로에 대한 이해가 필수다. 부모 자식 간에 불편한 관계가 하루 이상 지속되어서는 안 되므로 항상 서로를 깊이 이해하고 소통해야 한다. 소통이 충분하지 않다면 홈스쿨링을 진행하기도 힘들어진다.

우리 모녀는 대화를 매우 많이 하려고 한다. 그동안 홈스쿨링을 하면서 가장 중시했던 것은 학습의 측면도 있지만 그보다는 아이와의 소통이었다. 가정환경이 평탄하지 않았던 이유도 있지만 아이에게 조금이라도 상처로 남을 수 있는 부분이 있다면 그때그때 치유해주기 위한 노력을 많이 하였다.

많은 분들이 찬송이의 밝고 긍정적인 성격을 칭찬해주실 때마다 엄마로서는 감사한 마음뿐이다. 순탄치 못했던 가정환경 때문에 상처받은 부분도 분명 많았을 텐데, 지금처럼 낙천적이고 당당한 아이로 자라준 것은 사과의 시간, 반성의 시간, 용서의 시간을 통하여 상처받은 마음을 치유하도록 노력했기 때문일 것이다.

아이가 성장하면서 알게 모르게 부모나 가족으로부터, 또는 다른 사람에게서 상처를 받는 경우가 많을 것이다. 상처가 생기면 자존감의 상실을 경험할 수도 있고, 상처가 치유되지 못하고 계속 쌓여있다면 청소년기에 돌출 행동으로 나타날 수도 있다. 뿐만 아니라 그 상처가 성인이 되어서도 영향을 끼쳐 가족이나 다른 사람들에게 또다시 상처를 주는 사람이 될지도 모른다.

특히 부모의 억압에 의해 순종적으로 자란 아이의 경우, 부모가 무서워서 겉으로는 말을 잘 듣는 것 같지만 속으로는 억눌려 있을 수도 있다. 따라서 부모의 말에 순종하기만 하는 아이보다는 부모의 말에 귀를 기울이지만 자신의 의사표현도 할 줄 아는 아이로 키워야 한다고 생각한다.

아이와 깊은 대화를 나누는 시간을 마련하여 아이의 심리상태를 충분히 살피고, 아이가 상처받은 부분이 무엇인지 귀를 기울여야 한다. 혹시라도 부모 때문에 상처받은 부분이 있다면 잘못을 시인하고 따뜻하게 안아주어 관계 회복을 위해 노력해야 할 것이다. 나와 찬송이는 서로에게 상처주는 말이나 행동을 했을 경우 사과를 하기도 하는데 나는 엄마라고 해서 어른이라는 권위를 내세우지 않는다. 내가 실수한 부분이 있다면 곧바로 인정하고 아이에게 먼저 사과한다.

부모가 감정을 실어 아이를 혼내면 아이는 큰 상처를 받을 것이 분명하다. 아이에게 상처가 될 수 있는 부분이 있었다면 다음 날로 넘어가지 않게 하는 것도 중요하다. 부모의 말 한 마디가 아이들에게는 놀라운 치유의 힘을 발휘하기 때문이다.

나도 가끔은 아이가 외출하기 전 나의 감정을 실어 꾸지람을 하기도 하는데, 그럴 때는 시간을 지체하지 않고 곧바로 사과의 말과 함께 용서를 구하는 문자메시지를 보낸다. 참 감사한 것은 엄마가 용서를 구하는 말과 행동을 하면 찬송이도 곧바로 받아들이고 용서의 표현을 한다는 점이다. 오히려 엄마인 내가 시간을 지체하는 경우가 있어 부끄러울 때도 있다.

2012년 4월과 5월 두 차례에 걸쳐 니혼텔레비전에서 찬송이의 홈스쿨링과 교육 전반에 관하여 다큐멘터리 형식으로 밀착 촬영을 하러 왔을 때, 디렉터인 하기하라 씨가 이런 질문을 하였다.

"부모의 잘못된 행동에 대해 아이에게 사과를 한다면 아이가 부모를 무시하지 않을까요?"

나는 서슴없이 그 질문에 대답할 수 있었다.

"저는 그렇게 생각하지 않아요. 부모가 잘못된 행동이나 언어에 대해 사과하지 않고 어물쩍 넘어가는 것은 아이에게 큰 상처를 줄 수 있거든요."

〈3살까지는 엄마가 키워라〉의 저자인 세계적인 아동심리학자 스티브 비덜프 Steve Biddulph 는 정신건강의 3대 기둥을 '평온한 성격, 낙천주의, 사교성'으로 꼽으면서, 정신적으로 건강한 사람으로 성장하기 위해 아이는 사랑이 담긴 위로, 사랑이 담긴 안정성, 사랑이 담긴 재미와 자극을 받아야 한다고 하였다. 특히 사랑이 담긴 자극이 없으면 뇌의 가장 결정적인 부분이 자라지 않는다고 한다. 아무리 좋은 생각과 아이를 사랑하는 마음을 가지고 있더라도 부모가 아무 이야기도 해주지 않는다면 아이는 부모의 마음을 느낄 수 없을 것이다.

자녀에게 부모는 티칭teaching보다는 멘토링mentoring 해줄 수 있는 존재가 되어야 한다. 부모의 역할은 단지 공부를 가르치는 것이 아니라 아이에게 힘이 되어주고 멘토링을 해주는 것이다. 아이가 하고 싶은 것을 펼쳐 나갈 수 있도록 잡아주고 곁가지를 쳐줄 수 있어야 한다. 아이에게 순종과 복종을 강요하기보다는 아이의 가능성이 활짝 꽃을 피울 수 있도록 도와주는 조력자 역할을 해줘야 하지 않을까? 그러기 위해서는 충분한 소통이 절대적으로 필요하다. 아이가 힘들 때 위로해주고 기쁜 일이 있을 때 함께 웃어줄 수 있는 가장 가까운 사람이 부모여야만 몸과 마음이 건강한 아이로 자랄 수 있을 것이다.

 '나만의 포트폴리오'를 만들 수 있는가?

최근 하버드대를 비롯해 외국의 명문대에 진학하고자 준비하는 아이들이 많아지고 있다. 외국의 대학에서 학생을 선발할 때 매우 중시하는 부분이 '에세이'인데 에세이에는 그 학생만의 개성과 발전

가능성을 가늠할 수 있는 내용이 담겨 있어야 한다.

그런데 우리나라 학생들의 경우에는 특이한 동향을 발견할 수 있다고 한다. 대개 사교육을 통해서 에세이 첨삭 훈련을 받다 보니 거의 대부분이 천편일률적인 내용과 형식의 에세이를 제출한다는 것이다. 지금까지 어떠한 삶을 살았으며 그 삶을 통해 다른 사람들에게 어떤 영향력을 미쳤으며 지원한 대학을 졸업한 후에는 얼마만큼의 영향력을 발휘할 수 있는지에 대한 자기만의 '삶의 스펙'이 보여야 하는데, 대다수 우리나라 학생들의 에세이는 마치 한 사람이 쓴 것 같은 글이라는 것이다.

찬송이가 홈스쿨링을 하면서 가장 중요시하는 것은 '찬송이만의 인생 이야기'를 쌓아가는 모든 과정들이다. 그 과정에서 하는 많은 활동들을 하나하나 기록으로 담아온 것은 모두 찬송이 나름의 포트폴리오가 되고 있다.

한동안 미국의 유명 방송인 오프라 윈프리를 자신의 롤모델이라고 했던 찬송이가 어느 정도 시간이 흐르고 나자 다른 이야기를 하였다. 본인의 롤모델이 누구인지를 묻자 거침없이 "저 자신이 롤모델이에요."라고 하는 것이었다. 어느 인터뷰 때 찬송이가 실제로 했던 대답인데 나도 처음 들었을 때는 무슨 말도 안 되는 엉뚱한 얘기인가 싶어서 웃음이 터져 나왔다. 나중에 찬송이의 설명을 듣고 나서야 찬송이의 대답이 '남을 모방하지 않고 나만의 스펙, 나만의 스토리를 만들겠다'는 의지였음을 이해하게 되었다.

홈스쿨링이라는 것은 단지 학교에 다니지 않는 것이 아니라 학교에 다니면서 만들기 어려운 자기만의 포트폴리오, 자기만의 삶의 스토리를 만들겠다는 의지에서 비롯된 또 하나의 선택이 될 수 있어야 할 것이다.

찬송이는 아직 열네 살밖에 되지 않았지만 그동안 다채로운 경험을 했고 그 과정에서 힘든 일도 적지 않았다. 앞으로의 삶의 여정 또한 좋은 일들만 주어지지는 않을 것이다. 그렇지만 지금까지 해온 것처럼 앞으로도 같이 손을 잡고 우리의 길을 열심히 달려갈 것이다. 나는 내 딸이 잘 해낼 거라고 믿는다. 여태까지 잘 해왔듯이.

부록

찬송맘과 이웃 블로거들이 나눈 Best Q&A
찬송이는 이런 영어책을 읽었어요
찬송이는 이런 시청각 자료를 봤어요

찬송맘과 이웃 블로거들이 나눈
Best Q&A

01 육아 전문가나 소아정신과 전문의들에 의하면 세 살 정도까지는 텔레비전 등 시청각 매체에의 장시간 노출이 바람직하지 않다는 의견이 많은 것으로 알고 있습니다. 찬송이를 유아 때부터 영어 비디오에 장시간 노출시키셨다고 하셨는데 이 점에 대해 우려하시지는 않았는지요?

교육학자들이나 심리학자, 정신분석학자들의 학문적 주장들을 저 역시 이곳저곳에서 살펴본 바 있었습니다. 더구나 찬송이가 어릴 때는 조기영어교육에 반대하는 교육전문가들의 목소리가 더 높았던 시기였습니다.

그렇지만 저는 그런 소리보다는 찬송이 소리에 더욱 귀를 기울였습니다. 영어를 접해 주면서 찬송이의 반응을 유심히 관찰했습니다. 찬송이는 텔레비전 시청도 하고, 책도 읽고, 블록과 타악기를 가지고 놀기도 하고, 낱말카드 놀이도 하는 등 모든 것에 다 노출되었지만 다행히도 어느 것도 거부하지 않았고 어느 하나에만 집착하지도 않았습니다.

일부 학자들에 의하면 텔레비전이나 비디오는 일방통행적인 매체이기에 그에 대한 부작용이 따른다고 합니다. 그러나 이론이라는 것은 결국 문제가 된 아이들을 대상으로 통계를 낸 것이 아닌가 싶습니다. 제 사견으로는 비디오 노출 자체보다 다른 요인들이 더 많이 작용한 것이라고 생각합니다. 단지 텔레비전 시청 때문에 부작용이 생긴 것이 아니라 그 아이의 성격과 환경이 아이로 하여금 텔레비전만 시청하도록 몰아간 경우도 있지 않았을까요? 이는 여러 각도에서 짚어 보아야 할 문제인 것 같습니다.

그래서 시청각 매체 노출 시간에 있어서도 어느 누구의 말이 옳다 그르다 말씀 드리기는 곤란할 것 같습니다. 엄마가 모든 것을 고려하여 신중히 선택하는 것이 옳다는 것이 저의 결론입니다.

교육은 부모와 자녀의 신뢰와 신념의 열매라 생각합니다. 일반적인 이론도 중요시해야 하겠지만 자녀를 위해 옳다고 여겨지는 것은 장기간을 바라보고 실천해 가는 것이 좋지 않을까 싶습니다.

02

영어 비디오를 볼 때 엄마가 옆에서 한국말로 중간 중간 말을 걸면서 함께 시청하는 것이 좋을까요, 아니면 같이 시청만 하고 한국말을 섞지 않는 것이 좋을까요? 한국말로 이야기해주면 아이의 영어 듣기에 혼동을 주는 것이 아닐까 걱정됩니다.

엄마가 짧게라도 영어로 반응해 주시면 좋겠지만, 그렇지 못한 상황이라면 한국말로라도 함께 웃어주고 리액션을 취해주는 것이 좋습니다. 그것만으로도 아이에게 여러 가지로 좋은 영향을 미칠 수 있기 때문입니다.

앞서 언급한 바 있듯, 아이의 머릿속에는 언어마다 별개의 방을 가지고 있다고 합니다. 여러 언어를 섞어 사용해도 각각을 구분해낼 수 있다는 것이지요. 물론 유아기에는 영어와 한국어가 혼동이 되는 경우가 있을 수도 있겠지만, 찬송이의 경우에도 네다섯 살 정도가 되니까 영어 따로 한국어 따로 알아서 구분하게 되더군요. 그러니 그 부분은 크게 걱정하지 않으셔도 될 것 같습니다.

03 아이에게 영어 환경을 만들어줄 때 오디오 환경이 좋을까요, 비디오 환경이 좋을까요? 오디오는 눈으로 보는 것은 아니지만 귀로 듣는 것이므로 오히려 비디오보다 더 효과적이지 않을까요?

무엇이 더 좋다, 나쁘다라고 판가름 내리기란 어려울 것 같아요. 개인적으로는 텔레비전, 비디오, CD 등 다양한 매체에 골고루 노출시킬수록 외국어 공부에는 득이 된다고 생각합니다. 찬송이는 비디오만 본 것이 아니라 놀이할 때는 클래식 음악이나 동요 등 음악을 듣기도 하고 영어 동요와 동화 CD도 다양하게 들었답니다. 여덟 살 이전까지의 아이들은 모든 것을 스펀지처럼 빨아들이는 것 같습니다. 따라서 오디오와 비디오 둘 다 적당히 균형을 맞추어 함께 진행한다면 더 좋지 않을까 하는 생각이 듭니다.

04 43개월, 9개월 된 두 형제의 엄마입니다. 아이들에게 영어성경을 읽어주고 싶어 DK에서 나온 어린이성경 영문판을 구입해 읽혔는데 솔직히 아직은 조금 어렵더군요. 찬송이는 어떻게 진행했는지 궁금합니다. 추천해주실 만한 어린이용 성경책이 있는지도요.

DK 출판사의 〈A Child's First Bible〉을 구입하셨군요? 43개월 된 아이가 이해하기에는 다소 어려운 내용일 듯싶습니다. 찬송이의 경우에는 Zonderkidz 출판사의 〈The Beginners Bible〉과 한글로 된 쉬운 성경을 함께 읽었습니다. 그러다 보니 영어와 한국어의 내용이 서로 오버랩되어 더 재미를 느꼈던 것 같습니다. 아이들은 자기가 익숙하게 알고 있는 내용을 영어로 접할 때 더욱 친근감을 느끼면서 흥미를 갖는 경향이 있으니 이런 방법도 활용해보시면 좋을 것 같습니다.

05 홈스쿨링을 하면 정규교육을 받지 못하는데, 대학에 진학할 경우 검정고시를 봐야 학력을 인정받을 수 있나요?

대학을 국내로 제한하지 않는다면 국제학교로 진학했다가 외국의 대학으로 진학하는 길도 있습니다. 이런 경우 검정고시는 굳이 안 보아도 됩니다. 다만 국내의 대학에 진학하려면 검정고시를 보아야 합니다.
찬송이는 외국의 대학으로 진학하는 것을 염두에 두고 있어 아직까지는 검정고시를 준비하고 있지 않지만, 검정고시를 보게 될 경우도 배제하지 않고 있습니다. 항상 모든 가능성을 열어놓고 있으니까요.

06 저는 중학교 1학년 여학생입니다. 지금 학교에 다니고 있긴 하지만, 학교에 다니는 것이 나에게 도움이 되는 걸까 하는 생각이 들어요. 기회가 되면 부모님께 홈스쿨링 얘기를 꺼내볼까 하는데 부모님이 맞벌이를 하고 계셔서 막막합니다. 홈스쿨링에 대한 조언 부탁드릴게요.

학교를 다니는 것과 홈스쿨링을 하는 것은 둘 다 쉽지 않은 결정이라고 생각합니다. 가장 우선시해야 하는 것은 부모님과 많은 대화를 나누고 결정해야 한다는 사실입니다. 홈스쿨링을 하기 위해서는 부모님의 역할이 매우 중요하기 때문이지요. 그렇기에 부모님이 맞벌이를 하신다면 좀 더 신중히 생각해야 합니다.
홈스쿨링을 부모님의 도움 없이 학생이 집에서 혼자 해 나가는 것은 다소 무리가 있습니다. 또한 학교에 다닐 때보다 더욱 다양한 경험을 쌓고, 다방면의 공부를 해나갈 각오가 아닌 단순히 학교 답습형의 홈스쿨링을 원하는 것이라면 저는 다시 생각해 보라고 이야기해주고 싶어요. 학교에서 배우는 학과목을 집에서 공부하는 것만이 홈스쿨링의 전부는 아니기 때문입니다.

07 영어도 중요하지만 모국어인 한국어를 잘해야 영어도 잘할 수 있다는 이야기를 들었습니다. 한국어 읽기, 쓰기를 더 잘해야 영어 읽기, 쓰기도 잘한다는 이야기였는데요, 어릴 때부터 영어교육을 시키는 경우 한국어와 영어의 비중을 어떻게 맞춰야 할까요? 그리고 그렇게 해주었을 때 영어는 잘하는데 우리말은 못하거나 두 언어를 혼동하는 부작용의 우려는 없을까요?

찬송이의 경우 연령대에 따라 언어에 노출되는 비율이 조금씩 달랐어요. 어렸을 때는 영어 대 한국어가 7대 3이었다면, 유치원 나이에서 초등학교 저학년 나이에는 6대 4 정도였고, 초등 고학년 나이부터는 5대 5 정도로 거의 비슷한 비율이 되었죠. 즉 어렸을 때는 한국어보다 영어를 더 많이 접한 셈입니다.

혹자는 우리말을 더 잘 해야 영어도 잘할 수 있다고 합니다. 그런데 찬송이의 경우는 조금 달랐습니다. 쓰기의 경우에도 여덟 살 정도까지는 우리말 일기를 많이 썼지만 아홉 살 이후부터는 영어 일기를 더 길게 썼으니까요.

걱정하시는 일종의 혼동기 같은 시기가 찬송이에게도 있었어요. 대여섯 살 무렵에 영어로는 생각이 나는데 한국어로는 생각이 잘 안 나는 현상이 나타난 것이죠. 워낙 듣기와 읽기를 영어로 많이 접하다 보니, 어른들처럼 한국어를 거쳐서 영어를 떠올리는 것이 아니라 먼저 영어로 생각하고 영어 말이 튀어나가는 버릇이 생긴 것입니다. 말도 그렇고 글쓰기도 그랬습니다. 영어보다 한국어 말하기와 쓰기가 더 안 되는 시기가 있었던 것이지요. 그러나 한국어책을 지속적으로 읽으면서 이런 현상은 자연스럽게 개선되었습니다.

이런 시기의 찬송이를 본 분들은 영어를 더 잘하고 한국말을 제대로 못하면 어떡하느냐고 우려하기도 했습니다. 그러나 저는 찬송이에게 나타났던 이런 현상에 대해서 심각하게 걱정하지 않았습니다. 한국에 살고 있기 때문에 한국어는 당연히 잡혀 나갈 것이라고 생각했기 때문입니다. 어차피 한국어가 모국어이고 생활

환경이 한국어 환경이니 영어와 한국어를 혼동하는 기간이 있더라도 금방 앓고 가는 감기 정도로 지나갈 것이라고 보았습니다. 실제로 찬송이가 초등학교 4~6학년의 나이였을 때는 영어도 좋아했지만 우리말 동화책도 굉장히 많이 읽었지요. 이렇듯이 한국어책은 어차피 계속 읽을 거라고 생각했기 때문에 어릴 때 영어에 더 비중을 두거나 영어로 먼저 생각하는 현상에 대해서도 걱정하지 않았던 것입니다.

쓰기의 경우도 영어 쓰기가 한국어 글쓰기보다 더 잘 되었던 것은 영어책을 읽은 영향이 한국어책을 읽은 영향보다 더 컸기 때문입니다. 그런데 어차피 찬송이는 한국어를 모국어로 쓰는 환경에서 살고 영어는 외국어로 배우는 것이기 때문에, 영어 실력이 뒷받침되자 이것이 한국어로도 자연스럽게 번역이 되기 시작했습니다. 지금은 한국어 일기와 영어 일기를 자유자재로 쓸 수 있게 되었습니다.

만약 한국어를 더 잘해야 한다는 이유 때문에 영어 비중을 줄였다면 지금과 같은 자유로운 번역 능력은 불가능했을 거라고 생각합니다. 한국어 환경에서 책을 읽고 공부를 하다 보면 한국어는 자연스럽게 향상될 수 있는 반면, 외국어는 어렸을 때 그 환경을 인위적으로 만들어주지 않으면 자연스럽게 나아지지 않기 때문에 애초부터 영어환경을 만들어주는 것에 더 비중을 둔 것입니다.

영어건 한국어건 어떤 책을 더 많이 읽고 영향을 더 받았느냐에 따라 달라지는 것이기 때문에 한국어 읽기, 쓰기를 더 잘한다고 해서 영어 읽기, 쓰기를 저절로 잘하게 되는 것은 아니라는 것이 저의 사견입니다. 오히려 저는 그 반대, 즉 한국어를 잘해야 영어도 잘하는 것이 아니라, 외국어인 영어를 잘 해놓으면 한국어는 어차피 모국어이기 때문에 자연스럽게 잡혀나가는 것이라고 생각합니다.

08

돌쟁이 딸을 키우고 있는 엄마입니다. 아이의 미래에 대해 남편과 이야기하다가 홈스쿨링에 대해 정말 진지하게 생각해보고 있습니다. 처음에는 사회성 발달에 문제가 있지 않을까 걱정되었습니다만 방송을 통해 찬송이가 자라는 모습을 보고 나서 마음이 바뀌었어요. 꼭 학교가 아니더라도 친구들을 만날 수도 있겠다는 생각도 했구요.

저와 남편은 여행 다니는 것과 사람 사귀는 것을 좋아해서 딸아이에게도 다양한 경험을 하며 자라게 해주고 싶습니다. 무엇보다도 자신이 하고 싶은 것을 하면서 공부할 수 있다는 홈스쿨링의 장점이 너무나 마음에 와 닿습니다. 활발하고 외향적인 성격의 저희 아이가 경쟁하면서 쫓기듯이 살기를 원하지 않거든요.

하지만 제가 가르쳐주는 것에는 한계가 있을 것 같고 무엇을 어떻게 시작해야 할지 막막합니다. 어떻게 시작해야 좋을까요?

홈스쿨링을 결정하기 전에 우선 학교과정을 그대로 가르치는 과정을 선택할 것인지, 아니면 관련 단체가 정해 놓은 과정을 따를 것인지, 그것도 아니라면 내 아이에게만 맞는 맞춤식 교육을 할 것인지를 생각해 보아야 합니다. 그 다음은 부모가 온전한 선생님이자 코치가 되어 홈스쿨링을 해 나가는 과정 속에서 흔들리지 않는 신념과 아이를 끝까지 믿고 기다릴 수 있는 인내심을 가질 수 있는지를 체크해 보셔야 할 것 같습니다.

다만 먼저 홈스쿨링을 진행해 본 선배 맘으로서 몇 가지 조언은 드릴 수 있을 것 같습니다. 우선 외국어 환경을 만들어주기 위해서는 가능한 한 영어 비디오와 영어 채널에 많이 노출시켜주는 것이 좋다고 생각합니다. 영어 동화책도 꾸준히 읽어 주시고 지금보다 더 크면 영어전문서점에도 자주 데려가 주세요. 외국어와 자주 만나게 해줄수록 아이는 긍정적인 자극을 받게 된답니다.

부모님이 여행을 좋아하신다니 외국 여행도 경험해 보게 하면 좋을 것입니다. 여행을 갔을 때에는 엄마가 그 나라 언어를 할 줄 알더라도 말을 할 수 있는 기회를 아끼고 아이가 모든 것을 해 나갈 수 있도록 뒤로 빠져 주는 것이 좋은 효과를 가져오는 것 같습니다. 작년에 방송 프로그램 때문에 중국 여행을 갔을 때 저 역시 그랬거든요. 물론 제가 중국어를 잘 몰라서이기도 했지만 애당초 아이에게 전적으로 맡겨 그 나라 언어 습득에 적극적인 자세를 갖도록 해주고 싶다는 마음이 더 컸습니다. 화폐 단위에 대한 사전지식 없이 현지에서 물건도 구입해보고 교통수단도 이용해 보게 하면서 아이가 현장에서 직접 부딪치며 그 나라 언어를 습득하도록 한 것이지요.

아이가 말을 잘할 수 있는 시기가 되면 엄마가 주도해서 아이를 이끌기보다는 아이의 속도에 맞춰주는 엄마가 되어야 합니다. 그러면 자기 주도형 학습을 자연스럽게 습득하게 되고 스스로 공부할 수 있는 아이로 자랄 수 있게 되기 때문입니다. 제가 찬송이와 해온 방법이 모두 옳다고 생각하지는 않습니다. 아이마다 환경도 성격도 재능도 관심사도 다르기 때문에 교육에는 한 가지 방법만 있는 것은 아니라고 생각하고 있고요. 다른 사람의 조언에 따라 움직이기보다는 아이를 가장 잘 아는 엄마가 지혜롭게 선택하는 것이 바람직하다고 생각합니다.

엄마가 일상생활에서 영어로 대화를 해주면 좋을 텐데 그럴 만한 능력이 되지 못해 속이 상하네요. 엄마가 영어를 쓰지 않고 한국어를 많이 써도 괜찮은 걸까요?

일생생활에서 엄마가 영어로 이야기를 해줄 수 있으면 금상첨화일 것입니다. 하지만 저는 20%도 써주지 못했던 것 같습니다. 그 대신 찬송이는 한국어에 노출된 시간(가족 모두가 대화한 총 시간)보다 외국어에 노출된 시간(비디오 시청 시간)이 더 많았기에 오히려 영어 단어와 문장을 들은 시간이 더 많았다고 볼 수 있습니다. 엄마로부터 직접적인 영어자극을 많이 받지 못하더라도 얼마든지 영어 듣기 환경을 만들어줄 수 있지 않을까 합니다.
만약 영어로 말을 걸어주고 싶은데 영어를 못해서 고민이라면, 221페이지에 소개한 대화책의 도움을 받는 것도 좋을 듯싶습니다. 기죽지 마시고 힘내세요!

10 안녕하세요? 이제 막 여섯 살이 된 한 아이의 엄마예요. 아이와 함께 찬송이 블로그에 올려진 동영상을 보면서 많은 자극을 받고 있답니다. 한 가지 질문이 있는데요. 찬송이에게 영어 동화책이나 DVD 등을 접하게 해주실 때 약간씩이라도 해석을 곁들여 주셨나요? 우리 아이는 해석을 안 해주면 전혀 이해를 하지 못하고, 조금씩이나마 설명을 해주면 금세 이해를 하곤 하거든요. 아이를 생각하면 해석을 해주어야겠고, 다른 엄마들 말로는 설명을 해주지 말라고 하고… 참 난감합니다. 찬송맘은 어떻게 하셨는지 궁금해요.

혹시 아이가 보고 있는 동화책이나 DVD가 아이의 수준보다 지나치게 높은 것은 아닌지부터 점검해보셔야 할 것 같습니다. 시중에 떠돌고 있는 '연령대별 추천 리스트' 같은 것은 그냥 참조만 하시고요. 아이의 진짜 수준을 파악해서 그에 맞는 자료를 골라주세요. 그 과정이 먼저 선행되어야 할 것 같습니다.
약간의 팁을 드리자면, 찬송이의 경우 제가 해석을 해준 적은 거의 없었습니다. 영어 실력이 부족하기도 했지만, 굳이 설명을 해주지 않더라도 그림이나 다른 상황들로 이해할 수 있는 자료들을 우선적으로 접하게 해주었기 때문이지요.
예를 들면, Apple이라는 단어만 덩그러니 있으면 무슨 뜻인지 모르겠지만, Apple이라는 단어가 사과 그림과 함께 나와 있다면 아이는 그림만 보고도 Apple의 뜻을 파악할 수 있게 됩니다. 그림과 짤막한 단어 내지는 문장이 나와 있는 책으로 먼저 접하게 해주세요. 이런 식으로 아이로 하여금 단어의 뜻을 유추할 수 있도록 하면 따로 설명을 곁들일 필요가 없답니다.

아이가 생각만큼 따라와주지 못하면 조급한 마음이 들 수도 있을 거예요. 하지만 아이를 믿고 조금 기다려주시는 건 어떨까요? 아이들은 어른들이 생각하는 것보다 훨씬 빨리 성장한답니다. 이제 여섯 살이면 발전 가능성이 무궁무진한 상태예요. 그러니 일단 아이의 수준부터 재점검해 보시고, 진행 상황을 보시면서 아이에게 맞는 자료들로 재정비해주심이 좋을 듯합니다.

11

찬송이가 엄마와 친구처럼 잘 지내며 밝게 자라는 모습을 보면 굉장히 대견합니다. 저희 아이는 사춘기에 접어들면서 굉장히 예민해져서 말 한 마디 건네는 것도 조심스럽거든요. 자녀와 대화가 필요하다는 것은 알고 있는데, 시작부터 삐걱거리다 보니 힘든 부분이 많습니다. 아이와 지혜롭게 소통하려면 어떻게 해야 할까요?

홈스쿨링의 특징 중 하나는 부모와 자녀가 많은 시간을 같이 있어야 한다는 점입니다. 오랜 시간 함께하면서 서로를 이해하려고 하지 않으면 불편한 관계가 지속되어 생활이 불가능해지기 때문에 늘 아이와의 소통과 대화를 중요시했지요.
홈스쿨링을 하건 안 하건 아이와 불편한 관계가 하루 이상 지속되면 안 될 것 같습니다. 부모는 아가페적인 사랑을 주는 입장이지만, 자녀의 경우는 부모와의 서운한 관계가 하루 이틀이 지나면 상처로 남을 뿐만 아니라 다른 곳에서 돌출 행동이 나올 수 있습니다. 아이와 깊은 대화를 나눌 기회를 가져서 이제까지 아이가 받은 상처가 무엇인지 들어주세요. 혹시라도 부모님 때문인 부분이 있다면 잘못을 먼저 시인하고 용서를 구하는 것도 필요하다고 생각합니다. 서로 따뜻하게 안아주는 시간을 가져본다면 관계회복에 큰 도움이 되지 않을까 싶습니다.

찬송이는 이런 영어책을 읽었어요

2~4세

	제목	저자/삽화가	출판사
1	A B C Alphabet Song	Linda Howard	Publications International, Ltd
2	Baby Animals	Bill Bolton	Open Door, Ltd
3	Baby Animals Learn	Pamela Chanko	Scholastic
4	Bingo Starter	Samantha McNamee, Ken Methold	McGrawHill
5	Blue Plane	Jane Sherman, Holly Mann	Chronicle Books
6	Circus	Karin Blume, Brigitte Pokornik	Abbeville Press
7	Color Zoo	Lois Ehlert	HarperFestival
8	Count!	Denise Fleming	Square Fish
9	Dinosaurs, Dinosaurs	Byron Barton	HarperCollins
10	Disney's Winnie the Pooh: Colors	Andrea Doering	RH/Disney
11	Farmyard Favourites	Bill Bolton	Caxton Publishing
12	Freight Train	Donald Crews	Greenwillow Books
13	Good-Night Owl	Pat Hutchins	Aladdin
14	Have You Seen My Duckling?	Nancy Tafuri	Greenwillow Books
15	I Like Books	Anthony Browne	Dragonfly Books
16	In My World	Lois Ehlert	Sandpiper
17	In the Jungle ; A Flip-the-Flap Book	Richard Powell, Steve Cox	Transworld Publishers, Ltd
18	Maisy's series	Luch Cousins	Candlewick
19	Me! Me! ABC	Harriet Ziefert	Blue Apple Books
20	My First Discoveries series	-	Moonlight Publishing
21	Rainforest Colors	Scholastic	Scholastic
22	Richard Scarry's Little ABC	the Estate of Richard Scarry	Sterling Juvenile
23	Reading Recovery Level 1~11	-	e-future Galaxy Kids
24	Thank You, Lord	Tish Tenud	Publications International, Limited

	제목	저자/삽화가	출판사
25	Ten Black Dots	Donald Crews	Greenwillow Books
26	The pop-up Dear Zoo	Rod Campbell	Macmillan Digital Audio
27	The Wheels on the Bus	Paul O. Zelinsky	Dutton Juvenile
28	The Very Busy Spider	Eric Carle	Grosset & Dunlap
29	Things I wear	-	Early Childhood Publications
30	Wee Sing with The Little Engine That Could	Laura Driscoll	New York : Price Stern Sloan

찬송맘 강력추천

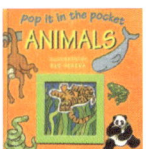
Animals
Sue Hendra
동물이 그려진 포켓 안에 해당하는 동물 그림을 집어넣을 수 있게 구성된 책이에요. 재미있게 놀이하듯 동물 이름을 익힐 수 있어요.

Bless This Food
Tish Tenud
버튼을 누르면 본문 내용을 읽어 줘요. 놀이하듯 듣고 따라 하면서 영어 발음과 억양을 배우게 된답니다.

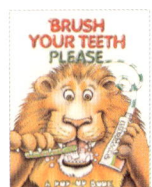
Brush Your Teeth Please
Jean Pidgeon
책을 펼치면 그림이 튀어나오는 팝업북이에요. 이를 닦는 방법을 재미있게 배우고 놀이처럼 즐겁게 여길 수 있게 돼요.

Hooray for Fish
Luch Cousins
파란색을 유독 좋아했던 찬송이가 직접 고른 책이에요. 다양한 물고기들이 사람처럼 대화를 하는 내용이라 아이가 무척 신기해 한답니다.

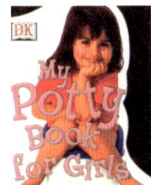
My Potty book for Girls
Mary Arkinson
변기를 두고 벌어지는 해프닝을 담은 책이에요. 이맘때쯤의 아이들은 변기나 똥 등을 재미있어하는데, 이 책으로 그 욕구를 채워줄 수 있을 거예요.

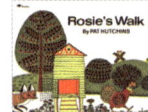
Rosie's Walk
Pat Hutchins
아름다운 일러스트로 아이의 시선을 단번에 사로잡는 책이에요. 엄마가 읽어 주어도 좋고, 그림을 보며 아이가 상상하며 이야기를 만들 수도 있답니다.

5~7세

	제목	저자/삽화가	출판사
1	A Child's First Bible	Kenneth N. Taylor	Publications International, Ltd
2	A First Discovery Book series	-	Scholastic
3	A House for Hermit Crab	Eric Carle	Simon & Schuster Books for Young Readers
4	All by Myself	Richard Brown	Cambridge University Press
5	Barney Goes To series	Linda Cress Dowdy	Scholastic
6	Brain Quest	Workman Publishing	Workman
7	Brown Bear, Brown Bear, What Do You See?	Bill Martin, Jr., Eric Carle	Henry Holt and Co.
8	Cambridge Reading series	-	Cambridge University Press
9	Courtney	John Burningham	Red Fox
10	Daniel's Dinosaurs	Mary Carmine	Scholastic
11	Digi-Know?! : The Official Book of Digimon Facts, Trivia, and Fun	Michael Teitelbaum	TokyoPop
12	Early in the Morning	Michael Walker	Addison-Wesley
13	Eddie's Finger Quiz series	Almuth Bartl	Barron's Educational Series
14	Go Away Big Green Monster	Ed Emberley	Little, Brown and Company
15	Goldilocks and the Three Bears	Prentice Hall	Addison-Wesley
16	Harry by the Sea	Gene Zion	HarperCollins
17	Harry The Dirty Dog	Gene Zion	HarperCollins
18	Happy Birthday, Sam	Pat Hutchins	Greenwillow Books
19	Have You Seen My Pot of Honey?	Kathleen W. Zoehfeld	New York : Mouse Works, Disney Enterprises, Inc
20	Here It's Winter	Kathleen Beal; Paige Billin-Frye	Addison-Wesley
21	Henny Penny	H. Werner Zimmermann	Scholastic
22	Hide and Seek	National Geographic Society	National Geographic little kids
23	How the Moon Got in the Sky	Addison-Wesley	Pearson P T R
24	I Like You	-	Addison-Wesley

	제목	저자/삽화가	출판사
25	I Love My Family	Prentice Hall	Addison-Wesley
26	I Wish I Could Fly	Ron Maris	Scholastic Books
27	Imogene's Antlers	David Small	Dragonfly Books
28	Inside a Barn in the Country	Alyssa Satin Capucilli	Scholastic
29	It's Pink, I Think	Kathleen. Beal	Addison-Wesley
30	Jesus Wonts All of Me	Phil A. Smouse	Barbour Publishing
31	Leo the Late Bloomer	Robert Kraus	HarperCollins
32	Little Blue and Little Yellow	Leo Lionni	HarperCollins
33	Mama, Do You Love Me?	Barbara M.Joosse	Chronicle Books
34	My Book of Prayers	-	Lion Children's Book
35	My Cat Maisie	Pamela Allen	Penguin Group
36	National Geographic Little Kids series	-	National Geographic Society
37	No Roses for Harry	Gene Zion, Margaret Bloy Graham	HarperCollins
38	Olivia	Ian Falconer	Atheneum Books for Young Readers
39	Olivia Counts	Ian Falconer	Atheneum Books for Young Readers
40	On Market Street	Arnold Lobel, Anita Lobel	Greenwillow Books
41	On the First Day of School	Michael Walker	Addison-Wesley
42	Only a Nickel	Michael Walker	Addison-Wesley
43	Pancakes, Pancakes	Eric Carle	Aladdin
44	Peter's Chair	Ezra Jack Keats	Puffin
45	PolarBear, PolarBear, What Do You Hear?	Bill Martin Jr., Eric Carle	Henry Holt and Co
46	Run, Run, Run	Michael Walker	Addison-Wesley
47	Silly Sally	Audrey Wood	HMH Books
48	Spider On The Floor	Raffi, True Kelly	Crown Books for Young Readers
49	Sleeping Beauty	Nicole Taylor, Kaye Dixey	Penguin Young Readers

	제목	저자/삽화가	출판사
50	Snowballs	Lois Ehlert	HMH Books
51	Strega Nona Her Story	Tomie de Paola	Puffin
52	The Beginners Bible	Kelly Pulley	Zonderkidz
53	The Carrot Seed	Ruth Krauss, Crockett Johnson	HarperCollins
54	The Doorbell Rang	Pat Hutchins	Greenwillow Books
55	The Enormous Turnip (Classic Tales)	Sue Arengo, Claire Mumford	Oxford University Press
56	The Gingerbread Man	Prentice Hall	Addison-Wesley
57	The Hare and the Tortoise	Prentice Hall	Addison-Wesley
58	The Little Red Hen	Addison-Wesley Publishing Staff	Addison-Wesley
59	The Famer and the Beet	Elinor Chamas, John Wallner	Pearson Education(US)
60	The Magic Cooking Pot (Classic Tales)	Sue Arengo	Oxford University Press
61	The Most Wonderful One in the World	Walker	Addison-Wesley
62	The Paper Bag Princess	Robert N. Munsch, Michael Martchenko	Annikins
63	The Rabbit and the Turnip	Addison-Wesley Publishing Staff	Addison-Wesley
64	The Secret Fairy Handbook: or How to be a Little Fairy	Penny Dann	Little Simon
65	The Three Little Pigs	Addison-Wesley Publishing Staff	Addison-Wesley
66	The Very Fine Rooster	Addison Wesley, Walker	Addison Wesley
67	Titch	Pat Hutchins	Aladdin
68	Trick or Treat, Pooh!	M. E. Milnes, Ellen Milnes, A. A. Milne, Elisa Marrucchi	Mouse Works
69	Today is Monday	Eric Carle	Puffin
70	Twinkle, Twinkle, Little Star	Iza Trapani	Whispering Coyote Pr
71	Wee Wizards: Cricket and the Excitable Egg	Tracey West. John Manders	Golden Books
72	Welcome to Blue's Clues	Angela C. Santomero	Simon Spotlight/Nickelodeon

	제목	저자/삽화가	출판사
73	Here are My Hands	Bill Martin Jr, Ted Rand, John Archambault	Henry Holt and Co. BYR
74	What Are Friends For?	Sally Grindle	Kingfisher
75	When This Box Is Full	Patricia Lillie	Greenwillow Books
76	Where The Wild Things Are	Maurice Sendak	HarperCollins
77	Where's My Teddy?	Jez Alborough	Puffin
78	Whistle for Willie	Ezra Jack Keats	Live Oak Media
79	Who Stole the Cookies from the Cookie Jar?	Public Domain, Jane Manning	HarperFestival
80	Willy the Dreamer	Anthony Browne	Walker Childrens Paperbacks

찬송맘 강력추천

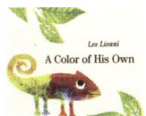

A Color of His Own
Leo Lionni

다양한 색을 가진 카멜레온에 대한 놀라운 이야기가 담겨 있어요. 카멜레온을 표현한 다채로운 색이 신비롭게 느껴진답니다.

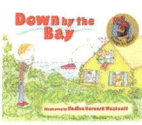

Down by the Bay
Nadine Bernard Westcott

아이들이 좋아할 만한 재미있는 그림들이 많아서 찬송이도 무척 좋아한 책이에요. 엄마와 함께 내용과 관련된 노래를 부르며 즐길 수 있어 더욱 좋답니다.

Fish Eyes
Lois Ehlert

잠수함을 타고 바다 속에서 예쁜 물고기를 따라 여행하는 것 같은 기분을 들게 하는 책이에요. 물고기를 수식하는 다양한 형용사들도 배울 수 있답니다.

Madeline
Ludwig Bemelmans

마들린느가 기숙사에서 또래 여자아이들과 생활하면서 벌어지는 일들을 재미있게 그려낸 책이에요. 찬송이는 이 수채화풍의 그림을 무척 좋아했답니다.

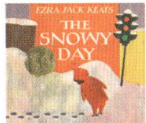

The Snowy Day
Ezra Jack Keats

칼데콧 명예상을 수상한 작품이에요. 눈 오는 날 아이의 행동과 심리를 아주 잘 보여 주는 책으로, 눈 오는 날의 풍경을 잘 표현한 그림책이랍니다.

The Tiny Seed
Eric Carle

작고 약한 꽃씨가 다른 꽃씨처럼 자리를 잡고 꽃을 피우기까지의 이야기를 그려낸 책이에요. 유명한 동화작가 에릭 칼만의 독특한 색채감각을 느껴볼 수 있답니다.

8~9세

	제목	저자/삽화가	출판사
1	365 Bible Prayers for Children	Melanie M. Burnette	Testament
2	A Chair for My Mother	Vera B. Williams	Greenwillow Books
3	A Jigsaw Jones Mystery series	James Preller	Scholastic
4	An I Can Read Book series	-	HarperTrophy
5	Beauty and the Beast (Classic Tales series)	Sue Arengo, Claire Pound	Oxford university Press
6	Children's Everyday Bible	Deborah Chancellor	DK
7	Cinderella (Classic Tales series)	-	Oxford University Press
8	Cloudland	John Bruningham	Red Fox
9	Colour Young Hippo series	Shoo Rayner	Scholastic
10	Curious George at the Parade	Margret, H.A.Rey's	HMHBooks
11	Dr. De Soto	William Steig	Square Fish
12	Disney Fairies series	-	Random House
13	English Time Story book series	-	Oxford University Press
14	In the Rain Forest	Scholastic	Scholastic
15	Junie B. Jones series	Barbara Park	Random House Books for Young Readers
16	Magic Tree House series	Mary Pope Osborne, Sal Murdocca	Random House
17	Mille and Bombassa series	Shoo Rayner	Scholastic
18	Mr. Biff the Boxer	Allan Ahlberg	Puffin
19	Pablo Picasso	Ibi Lepscky, Paolo Cardoni	Barron's Educational Series
20	Pete's a Pizza	William Steig	HarperCollins
21	Silly Sally	Audrey Wood	HMH Books
22	Sleeping Beauty	Sue Arengo	Oxford University Press
23	Snow White and the Seven Dwarfs	-	Oxford University Press
24	Song and Dance Man	Karen Ackerman	Knopf Books for Young Readers
25	Swimmy	Leo Lionni	Dragonfly Books

제목	저자/삽화가	출판사
26	The Emperor's New Clothes	월드컴 편집부	WorldComStory-House
27	The Golden Goose	월드컴 편집부	WorldComStory-House
28	The Joy Boys	Beysy Byars, Frank Remkiewicz	Bantam Dell Pub Group
29	The Magic School Bus series	JoannaCole	Scholastic
30	The Word Song Bible	-	Wonder Workshop
31	Usborne Young Reading series	-	-

찬송맘  강력추천

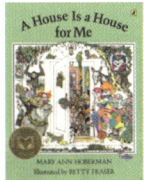

A House Is a House for Me
Mary Ann Hoberman, Betty Fraser

우리에게는 집이 곧 집이지만, 이 책은 다릅답니다. 장갑은 손의 집이고 스타킹은 무릎의 집, 신발은 발의 집이라는 재미있는 상상으로부터 시작된 책이에요.

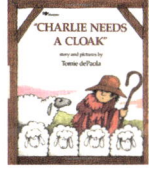

Charlie Needs a Cloak
Tomie De Paola

낡은 망토 때문에 사람들에게 불쌍하다는 이야기를 들은 양치기 찰리가 양의 털을 깎아 새로운 망토를 만드는 과정을 흥미롭게 그려내고 있어요.

John Patrick Norman Mchennessy – the boy who was always late
John Burningham

영국의 대표적인 동화작가 존 버닝햄의 작품이에요. 내용 전개의 이해를 돕는 동시에 주인공의 심리상태까지 효과적으로 표현한 그림이 매우 인상적인 책이에요.

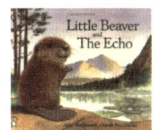

Little Beaver and The Echo
Amy MacDonald

자연을 무척 사랑했던 작가가 메아리에 대해 자세하면서도 쉽게 쓴 책이랍니다. 찬송이도 이 책을 보며 메아리라는 현상에 대해 이해하게 되었어요.

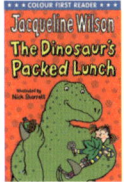

The Dinosaur's Packed Lunch
Jacqueline Wilson

거의 모든 아이들이 좋아하는 공룡을 주제로 구성되어 있답니다. 다채로운 색감을 사용한 책 표지 덕분에 찬송이도 많은 관심을 보였던 책이에요.

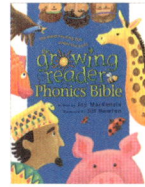

The Growing Reader Phonics Bible
Joy Makenzie, Jill Newton

성경 속의 인물들과 그에 관련된 교훈이 그림과 함께 실려 있는 책이에요. CD가 포함되어 있어 흘려듣기용으로도 자주 틀어 주었답니다.

10~12세

	제목	저자/삽화가	출판사
1	365 Prayers of Blessings for Your Children	Holly Nan Ok Yun	-
2	A Midsummer Night's Dream : Based on the Play by Shakespeare	William Shakespeare	Scholastic
3	Angelina Ballerina series	Katharine Holabird, Helen Craig	Viking Juvenile
4	A Pretty Face	John Escott, Kanako Damerum, Yuzuru Takasaki	Oxford University Press
5	A Stepping Stone Book series	-	Random House Books for Young Readers
6	Corgi Pups Books series	Young Corgi	Ramdom House Children's Books
7	Fables	Arnold Lobel	HarperCollins
8	Frederick	Leo Lionni	Dragonfly Books
9	From the Files of Madison Finn	LauraDower	Volo
10	Girl against the Jungle	Monica Vincent	Longman Group United Kingdom
11	Hello Reader! series	-	Scholastic
12	High School Musical : Based on the Hit Disney Channel Original Movie	-	Funtastic
13	Katie Kazoo, Switcheroo series	Nancy Krulik, Johnand Wendy	Grosset & Dunlap
14	Magic School Bus series	Joanna Cole, Bruce Degen	Scholastic
15	Momo	Michael Ende	Puffin Books
16	Oxford Storyland Readers series	-	Oxford University Press
17	Scholastic Reader series	-	Scholastic
18	Shrek Tales : Snowgre	Scholastic Inc	Scholastic
19	Sleepover Squad series	P. J. Denton, Julia Denos	Aladdin
20	Start with English Readers series	-	Oxford University Press
21	The Chronicles of Narnia series	C.S.Lewis, Clive Staples Lewis	Harpertrophy

제목	저자/삽화가	출판사
22	The Lion, the Witch and the Wardrobe	C.S.Lewis	Harpertrophy
23	The Little Prince	Antoine De Sain texupery	Mariner Books
24	The Powerpuff Girls	-	Scholastic
25	The Tale of Despereaux	Kate DiCamillo, Timothy Basil Ering	Candlewick
26	Vanity Fair	William Thackeray	Longman
27	Zenon Girl of the 21st Century Book series	Marilyn Sadler	Random House

찬송맘  강력추천

Charlotte's Web
E. B. White

1953 뉴베리 아너 수상작이기도 한 작품이에요. 보잘 것 없어 보이는 거미와 돼지가 서로의 삶을 도와주는 이야기로, 생명의 소중함과 우정의 아름다움을 깨닫게 해준답니다.

How To Train Your Dragon 1, 2, 3
Cressida Cowell

바이킹 족장의 아들인 열한 살 히컵의 드래곤 길들이기에 대한 이야기예요. 찬송이처럼 모험심으로 가득 찬 아이들에게 안성맞춤이랍니다.

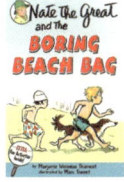

Nate the Great series
Marjorie Weinman Sharmat

소년 탐정 네이트가 주인공인 일종의 탐정 소설이에요. 책을 혼자서 읽기 시작한 아이들이 소리 내어 읽기 좋은 짧고 반복적인 문장으로 이루어져 있답니다.

Scholastic Junior Classics series
Scholastic

세계적으로 유명한 고전 문학을 아이들이 읽기 쉬운 문장으로 재구성한 시리즈물이에요. 찬송이는 이 책을 시작으로 한동안 고전 문학에 푹 빠져 지냈답니다.

The Phantom Tollbooth
Norton Juster

찬송이는 원서로 먼저 읽고 난 뒤에 아주 재미있다며 번역본도 구입했답니다. 미국교사협회 추천도서 100권 안에 포함되어 있기도 한 책이에요.

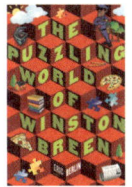

The Puzzling World of Winston Breen
Eric Berlin

퍼즐을 좋아하는 주인공이 우연히 퍼즐이 담긴 상자를 발견하게 되면서 사건을 추리해 나가는 이야기예요. 과정이 흥미진진해서 찬송이도 참 좋아했답니다.

13~14세

	제목	저자/삽화가	출판사
1	All American Girl	Meg Cabot	HarperTeen
2	Allie Finkle's Rules for Girls	Meg Cabot	Scholastic Paperbacks
3	A Wrinkle in Time	Madeleine L'Engle	Paperback
4	Friendship According to Humphrey	Betty G. Birney	Puffin Books
5	Holes	Louis Sachar	by Louis Sachar
6	Hoot	Carl Hiaasen	Random House Children's Books
7	Longman Classics series	-	Longman
8	Marley & Me	John Grogan	Harper
9	Mr. Popper's Penguins	Richard and Florence Atwater	Little, Brown Books for Young Readers
10	Mrs. Frisby and the Rats of Nimh	Robert C. O'Brien	Aladdin
11	Puffin Classics series	-	Puffin Books
12	Savvy	Ingrid Law	Puffin Books
13	Shopaholic & Baby	Sophie Kinsella	Dell
14	Shopaholic Takes Manhattan	Sophie Kinsella	Dell
15	Small Steps	Louis Sachar	Ember
16	Spellhorn	Berlie Doherth	HarperCollins Children's Books
17	The Giver	Lois Lowry	Laurel Leaf
18	The Hunger Games Mockingjay	Suzanne Collins	Scholastic Press
19	The Little House Books	Laura Ingalls Wilder	-
20	The Meanest Doll in The World	Ann M. Martin, Laura Godwin, Brian Selznick	Hyperion Book CH
21	The Runaway Dolls	Ann M. Martin, Laura Godwin, Brian Selznick	Hyperion Book CH
22	The Unseen World of Poppy Malone : A Gaggle of Goblins	Suzanne Harper	Greenwillow Books
23	Through the Looking-Glass (Puffin Classics series)	Lewis Carroll	Puffin

제목	저자/삽화가	출판사
24	Tumtum & Nutmeg : Adventures Beyond Nutmouse Hall	Emily Bearn	Little, Brown Books for Young Readers
25	What Katy Did	Susan Coolidge, Cathy Cassidy	Speak
26	Wicked	Gregory Maguire	William Morrow Paperbacks
27	80일간의 세계일주	넥서스 콘텐츠개발팀	넥서스
28	영국동화	넥서스 콘텐츠개발팀	넥서스
29	오 헨리 단편집	오 헨리	넥서스
30	위대한 개츠비	스콧 피츠제럴드	넥서스

찬송맘 강력 추천

Anne of the Island
L. M. Montgomery

우리가 잘 알고 있는 '빨강머리 앤'의 영어 버전이에요. 앤의 말괄량이 성격을 꼭 빼닮은 찬송이가 자신의 이야기 같다며 특히 좋아했던 책이랍니다.

Criss Cross
Lynne Rae Perkins

사춘기를 맞은 열네 살 아이들이 그 시기를 보내는 다양한 이야기가 그려진 책이에요. 사춘기를 맞은 찬송이가 공감하며 읽었던 책이기도 합니다.

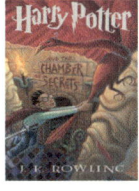

Harry Potter and the Chamber of Secrets
J. K. Rowling

많은 아이들이 좋아하는 해리포터 시리즈 중 하나예요. 찬송이는 영화로 먼저 접한 다음 읽었는데, 내용이 무척 흥미롭다며 날이 새도록 읽기도 했답니다.

Masterpiece : author of Shakespeare's Secret
Elise Broach

미국 도서관협회 등에서 추천도서로 선정된 책이에요. 한국어판을 재미있게 읽은 찬송이가 원작으로도 읽고 싶다고 해서 구입했답니다.

Mr. Chickee's Funny Money
Christopher Paul Curtis

모험심 강한 찬송이가 무척 좋아했던 책이에요. 모험과 판타지, 추리가 모두 들어 있는 내용이라 남자아이들도 좋아할 거예요.

The Myserious Benedict Society
Trenton Lee Stewart

가장 최근에 찬송이가 읽었던 책이에요. 뉴욕타임즈가 선정한 베스트셀러이기도 했던 이 책에는 특이하고 무궁무진한 모험에 관련된 내용이 담겨 있답니다.

찬송이는 이런 시청각 자료를 봤어요

2~3세

Baby Einstien :
Baby Beethoven

Baby(Little) Einsteins

Between the Lion series

Blue's Clues series

Good Night, Gorilla

Mama Do You Love Me?

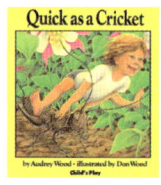
Quick as a Cricket

Rosie's Walk

Sesame Street series

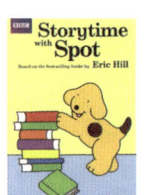
Spot series

Teletubbies series

The Very Hungry
Caterpillar

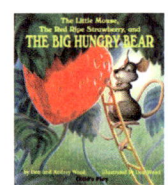
The Little Mouse,
the Red Ripe Strawberry,
and the Big Hungry Bear

Thomas &
Friends series

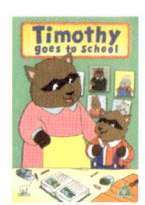
Timothy Goes
To School series

YBM 시사영어사
디즈니 영어교실

4~7세

Barbie series

Barney & Friends series

Berenstain Bears series

Bob the Builder series

Caillou series

Clifford series

Connie The Cow

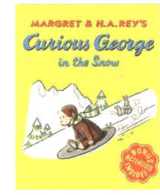
Curious George series

Dora the Explorer series

Dragon Tales series

Dr. Seuss series

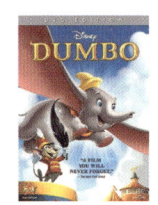
Dumbo

Finding Nemo

Fireman Sam series

kaBOOM! Franklin series

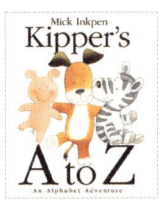
Kipper series

273

Little Bear series	Madeline series	Magic School Bus series	Maisy series
	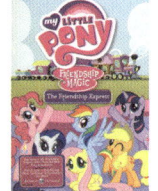	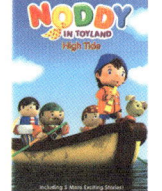	
Max and Ruby series	My Little Pony Tales	Noddy series	Richard Scarry series
	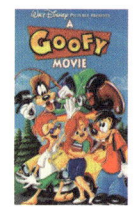		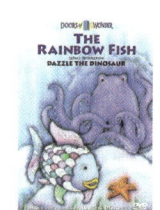
SpongeBob series	The Goofy Movie	The Rainbow Fish	The Rainbow Fish and Dazzle the Dinosaur
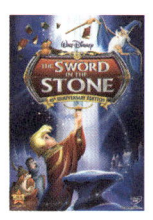		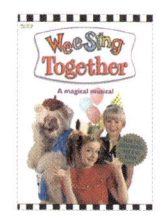	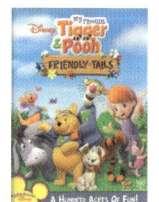
The Sword in the Stone	Toy Story 1,2	Wee Sing series	Winnie the Pooh series

 8~10세

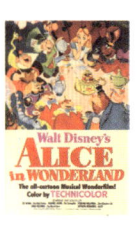		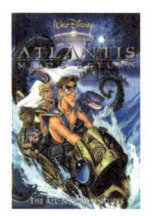	
Alice in Wonderland	Angelina Ballerina series	Atlantis Milo's Return	Arthur series

Bill Nye the Science Guy series	Buzz Lightyear of Star Command	Bolt	Bug's Life
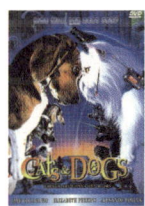			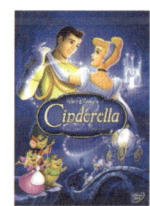
Cats & Dogs	Charlotte's Web	Chronic of Narnia 1,2	Cinderella series
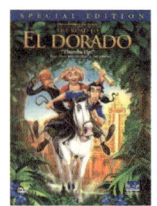			
El Dorado	Flushed Away	High School Musical 1,2,3	Ice Age

Jack

Jimmy Neutron : Boy Genius

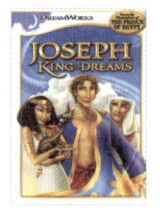
Joseph King of Dreams

Jurassic Park

Kim Possible

Lilo & Stitch

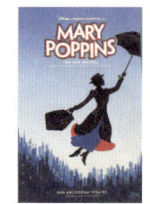
Mary Poppins

Monsters, Inc.

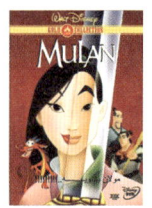
Mulan 1,2

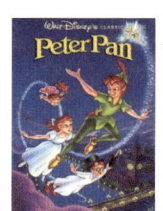
Peter Pan

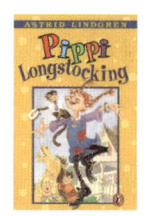
Pippi Longstocking

Pokemon series

Powerpuff Girls series

Reading Rainbow series

Rex the Runt

Sabrina : Friends Forever

 Santa Clause 2
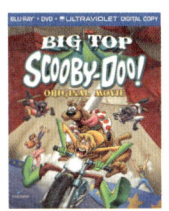 Scooby-Doo 2
 Shark Tale
 Snow Buddies

 Snow White and the Seven Dwarts
 Stuart Little
 The Adventures of Tom Sawyer
 The Aristocats

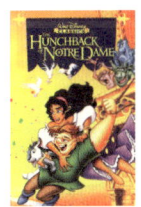 The Hunchback of Notre Dame
 The Little Mermaid
 The Lizzie McGuire Movie
 The Polar Express

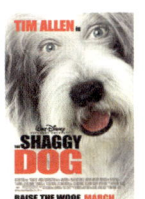 The Shaggy Dog
 The Tale of Despereaux
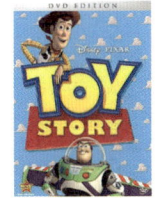 Toy Story
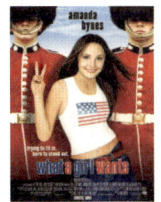 What a Girl Wants

11~13세

101 Dalmatians

Aladdin

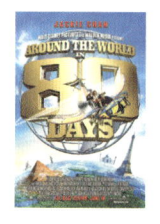
Around The World in Eighty Days

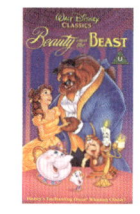
Beauty and the Beast

Brother Bear

Casper

Cats

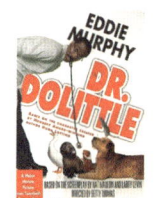
Dr. Dolittle

Fly Me To The Moon

Garfield 1,2

Hannah Montana

Happy Feet

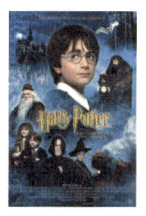
Harry Potter

Home Alone 1,2,3

Honey, I Shrunk The Kids

I am Sam

 Ice Princess
 Inspector Gadget
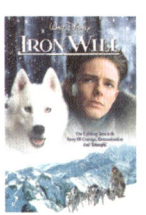 Iron Will 2
 James and the Giant Peach
 Kung Fu Panda
 Le Petit Prince
 Les Miserables
 Mamma Mia!
 Mr. Producer!
 Night At The Museum
 Oliver Twist
 Pride & Prejudice
 Pinocchio
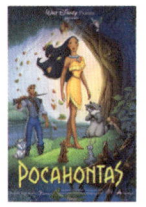 Pocahontas
 Roman Holiday
 Sabrina, the Teenage Witch series

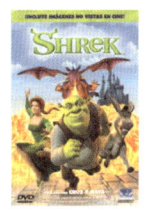	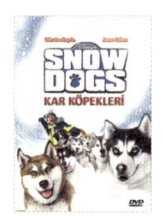	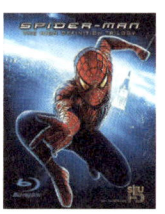	
Shrek 1,2,3	Snow Dogs	Spider-Man 1,2	Sister Act
	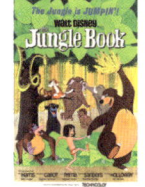	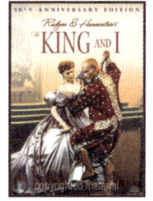	
The Incredibles	The Jungle Book	The King and I	The Phantom of the Opera
			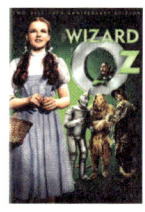
The Princess Diaries	The Sound of Music	The Sword in the Stone	The Wizard of Oz
	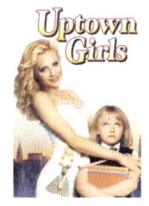		
Treasure Island	Uptown Girl	Willy Wonka and the Chocolate Factory	Wizards of Waverly Place series